CONTEMPORÂNEOS DO FUTURO: ROBERTO FREIRE

Contemporâneos do Futuro

ROBERTO FREIRE

Com
Vilma Figueiredo
e
Caetano E. P. de Araújo

2ª edição

EDITORA UnB

Direitos exclusivos para esta edição:
EDITORA UNIVERSIDADE DE BRASÍLIA
SCS Q.02 Bloco C Nº 78 Ed. OK 2º andar
70300-500 Brasília DF e-mail: editora@unb.br
Tel.: (061) 226-6874 ramal 30 Fax: (061) 225-5611

Impresso no Brasil

SUPERVISÃO EDITORIAL
AIRTON LUGARINHO

REVISÃO
SONJA SAMPAIO

PROJETO GRÁFICO
ROBERTA CRUZ

CAPA
PAULO ANDRADE

PREPARAÇÃO DE ORIGINAIS
CECÍLIA SHIZUE FUJITA DOS REIS

SUPERVISÃO GRÁFICA
ELMANO RODRIGUES PINHEIRO

ISBN: 85-230-0438-6

Ficha catalográfica elaborada pela Biblioteca Central
da Universidade de Brasília

Figueiredo, Vilma
F475 Roberto Freire / Vilma Figueiredo e Caetano Ernesto P. de Araújo – 2ª ed. Brasília: Editora Universidade de Brasília, 1997.
167 p. – (Contemporâneos do futuro)

1. Política – Brasil. I. Araújo, Caetano Ernesto P. de. II. Freire, Roberto. III. Título.

CDU - 32(81)

Sumário

Contemporâneos do Futuro

A série *Contemporâneos do Futuro*, que ora se inicia pela Editora Universidade de Brasília, acatando proposta do *Projeto Constituição*, divulgará o pensamento político contemporâneo.

Terão voz nesta coletânea personalidades importantes na construção do momento atual, ativas em diversas esferas da vida pública brasileira.

Independentemente de matizes e de vinculações partidárias, a série contemplará aqueles pensadores que consideram o futuro como integrante do presente, sabem que este fato é irreversível e propõem ajustes de concepções e soluções compatíveis com tal realidade.

Não integrarão a coleção figuras da política brasileira que, embora respeitáveis, são presas, quer teórica, quer praticamente, a cânones de pensamento tradicional encontráveis nas mais diversas posições do espectro político.

Deste modo, as publicações da série possibilitarão o registro de idéias e posições que, de outra forma, permaneceriam esparsas e não sistematizadas. Essa publicação, que se deseja de inegável importância para as ciências sociais, certamente elevará o conhecimento da vida pública brasileira contemporânea a novos patamares.

Do ponto de vista da prática política propriamente dita, a série pretende lograr um duplo efeito pedagógico, tanto para profissionais, quanto para a população em geral. O debate político deverá ser enriquecido, em ambos os casos, por novas informações.

Finalmente, espera-se que a série venha preencher lacuna editorial e satisfazer leitores carentes de novos enfoques para velhos temas sociopolíticos e de formulação adequada para novos problemas.

Projeto Constituição
Hermes Zaneti (coordenador)
Tânia Moreira da Costa
Regina Marques

Introdução

O livro do senador Roberto Freire inaugura a série *Contemporâneos do Futuro* em momento oportuno. O país necessita, uma vez mais, de idéias claras e corajosas a respeito de sua identidade e de sua reafirmação no contexto mundial, de modo a poder fortalecer, com competência, a democracia política e a justiça social.

O vigor do pensamento do senador Roberto Freire, sua capacidade de desmontar mitos, de vislumbrar novas possibilidades de análise e de apontar soluções pode, eventualmente, assustar espíritos mais conservadores, mas, sem dúvida, serve de alento e ancoradouro para as mentes mais dinâmicas e comprometidas com os destinos do Brasil num mundo que se transforma a passos largos.

Tentamos, neste volume, divulgar, de maneira sistemática, elementos do pensamento representativo de uma vertente da esquerda, da qual o senador Roberto Freire é a voz pública mais significativa no Brasil. Tal pensamento encontra-se disperso em discursos, artigos e documentos de consumo partidário, espraiando-se por diversas agremiações políticas.

A singularidade dessa vertente reside no reconhecimento da radicalidade e da irreversibilidade do processo de mudanças por que passa o mundo contemporâneo, a partir do que se convencionou denominar revolução científico-tecnológica.

A rapidez e a profundidade desse processo destruíram, após cinqüenta anos, o mundo da guerra fria, fazendo cair, por um lado e em primeiro lugar, o sistema social desenvolvido no desdobramento da Revolução de Outubro, o *socialismo real.* Por outro lado, o capitalismo encontra-se num período de crise, após duas décadas de extrema prosperidade, com o desemprego avolumando-se e, com ele, crescendo a ameaça da pobreza, da dependência dos sistemas de seguridade e a exclusão social.

Esse conjunto de mudanças, muitas ainda em curso, eliminou o mundo em que direita e esquerda confrontavam-se até 1991, desmantelando o campo de luta que, de alguma forma, as definia.

Criou-se uma base diferente, na qual se processam as novas relações econômicas, políticas e sociais.

Diante dos desafios, as perspectivas de direita reciclaram-se com maior rapidez e ocuparam com mais firmeza seu lugar em um mundo que se redefine sob o rótulo, talvez não definitivo, do *neoliberalismo.*

A esquerda, pólo derrotado de forma mais imediata e contundente, retarda seu processo de redefinição, hesitando entre colocar-se de forma resoluta no novo campo de forças, contrapondo-se à política neoliberal naquilo que é fundamental, ou permanecer, saudosista, no campo das lutas que o mundo já abandonou.

Para esse debate sobre o caminho das posições que se dizem de esquerda ou, formulando a questão de modo mais preciso, sobre o significado da polarização direita/esquerda nos dias de hoje, o senador Roberto Freire tem contribuído de forma significativa. Desde sua campanha para a Presidência da República, em 1989, a compreensão e a redefinição da esquerda num mundo que se transforma radicalmente constitui objeto de reflexão permanente. O livro que ora se publica representa um esforço de aprofundamento e de sistematização dessas reflexões.

Evidentemente temos acompanhado, por esse tempo, o esforço político-intelectual do senador Roberto Freire e esperamos ter contribuído, com este volume, para uma maior divulgação de suas idéias.

Finalmente, agradecemos ao *Projeto Constituição*, especialmente a seu coordenador Hermes Zaneti, por nos ter convidado para colaborar na concepção da série *Contemporâneos do Futuro* e na execução do livro de Roberto Freire. Somos gratos, especialmente, a Tânia Moreira da Costa e Regina Marques, cujo ânimo e paciência tornaram possível, dentre outras coisas, o registro das entrevistas concedidas por Roberto Freire.

Além das entrevistas, serviram de matéria-prima para este livro, de caráter nitidamente não-acadêmico, artigos anteriormente publicados em jornais e muitas, muitas conversas, incluindo alguns debates.

Esperamos que o livro de Freire e a série que com ele se inicia venham, de fato, elevar o nível de informação e de debate político num Brasil que se deve fazer contemporâneo do futuro.

Brasília, março de 1997

Vilma Figueiredo
Caetano E. P. de Araújo

Capítulo 1

O Fim do Socialismo

A queda do muro de Berlim e o colapso da URSS não significaram apenas o fim da experiência do chamado "socialismo real", com todas as suas dramáticas conseqüências para o movimento comunista internacional. Influíram decisivamente, também, na desarticulação do pensamento e da ação do movimento social-democrata. Pode-se afirmar, sem nenhuma dúvida, que geraram uma crise de identidade na esquerda mundial.

Não significaram o fim da história, como preconizou apressado e inconseqüente o filósofo, que, abdicando da serenidade própria do pensador, enveredou pela rota do militante ideológico, mas, por suas enormes e dramáticas repercussões, representaram o fim de uma era.

O nosso século foi marcado pelo confronto entre socialismo e capitalismo, e mesmo que as gerações futuras, quando distanciadas historicamente, definam e caracterizem este breve século XX como o da espantosa aceleração das descobertas e inventos, frutos da inteligência, do conhecimento e da técnica, para nós, protagonistas, o século será e continuará a ser o da bipolaridade dos sistemas de organização social, iniciada com a Revolução Bolchevique de 1917.

Este século teve seu momento culminante no período conhecido como guerra fria — com o enfrentamento dos blocos político-militares, a corrida armamentista e o equilíbrio fundado na ameaça do terror nuclear — e findou com a derrocada da União Soviética e o desaparecimento dos regimes comunistas.

Há uma tendência hoje no sentido de subestimar os efeitos da Revolução de Outubro. O socialismo real teria sido pouco mais que um desvio da história, de importância restrita às areas diretamente afetadas por ele, preocupadas agora em varrer o mais rápido possível os efeitos dessa herança. Aos que defendem essa posição é preciso lembrar o óbvio: o estabelecimento, a expansão e os significativos êxitos iniciais do socialismo determinaram as mudanças internas no capitalismo que levaram ao mundo que conhecemos hoje.

A atenuação do caráter selvagem do capitalismo; a incorporação, nos países capitalistas centrais, do emprego, salário, previdência, saúde e educação como objeto de ação do Estado, sua retirada, em outras palavras, do arbítrio do livre jogo das forças do mercado e sua inserção no âmbito das políticas públicas; o desenvolvimento do Estado de bem-estar social, em suma, constituiu uma resposta ao surgimento empírico de uma alternativa ao capitalismo e, mais importante, de uma alternativa que pareceu imune à crise que assolou o mundo capitalista a partir de 1929.

Na verdade, a revolução de 1917 deu ao mundo estruturado em torno da contradição trabalho/capital uma prova de que a sociedade poderia ser organizada a partir da lógica do pólo até então subordinado dessa contradição. A utopia, efêmera na Paris de 1870 e na Rússia de 1905, parecia haver colocado finalmente os pés no chão. Os sovietes reviveram espontaneamente, mais uma vez, a democracia dos conselhos. A produção, apropriada em parte pelo Estado, submeteu-se às exigências da economia de guerra. O governo revolucionário conseguiu retirar-se da guerra mundial (Brest-Litovski) e derrotar a contra-revolução após quatro anos de guerra civil.

Nesse ínterim, as revoluções e levantes operários que haviam surgido na crise de fim de guerra na Europa ocidental haviam sido inteiramente debelados. Na Itália, o movimento de criação de conselhos operários e de ocupação de fábricas foi derrotado, num prenúncio da vitória do fascismo em 1923. A insurreição alemã, momentaneamente vitoriosa em Munique, é esmagada pelo governo social-democrata. Na Hungria, o curto período de governo comunista cede afinal à ofensiva contra-revolucionária, que instala um regime protofascista. Finalmente, em 1920, o exército vermelho é obrigado a retirar-se da Polônia, que organiza um regime nacionalista chefiado pelo general Pilsudski.

A idéia de que a revolução na Rússia não deixaria de acender uma onda revolucionária vitoriosa na Europa ocidental, axiomática para os bolcheviques russos, foi desmentida em poucos anos pelos fatos. A construção do socialismo no antigo império dos czares não contaria com o apoio de outras repúblicas operárias no Ocidente.

Tem início, a partir daí, o debate que dividiria os bolcheviques nos anos seguintes. Deveria o movimento, vitorioso na Rússia, ter como prioridade o estímulo à revolução no mundo, única maneira, segundo Trotski, de conseguir também construir o socialismo na própria União Soviética, ou consolidar a conquista, "construir o socialismo em um só país" e aguardar a oportunidade propícia de ampliar os territórios revolucionados, como defendia Stalin?

Com a morte de Lenin, a disputa pela direção do partido comunista opõe ambas as concepções. A derrota de Trotski abre o caminho à consolidação do regime stalinista e representa o fim da possibilidade, já tênue, é verdade, de desenvolvimento do socialismo mediante a manutenção e aperfeiçoamento de mecanismos democráticos.

No plano econômico, a abertura para o mercado, que caracterizou a Nova Política Econômica, da época de Lenin, cedeu lugar ao predomínio completo do planejamento estatal e ao processo sangrento de coletivização forçada da agricultura.

No plano político, o resultado da disputa foi o fechamento rápido do único espaço de livre debate ainda existente na União Soviética: a democracia interna do partido comunista. A corrente trotskista foi expurgada, presa e assassinada nos campos de prisioneiros em expansão. O direito à constituição de frações no interior do partido foi suprimido.

Nos anos seguintes, os diferentes aliados de Stalin foram sucessivamente expurgados até a montagem da farsa dos processos de Moscou, em 1936. Nesses processos, a chamada velha guarda bolchevique terminou de ser alijada das instâncias dirigentes partidárias, foi submetida à prática inquisitorial da confissão pública, presa, internada nos gulags e fuzilada. No seu lugar, assumia a direção do partido e do país uma nova geração de militantes, marcada menos pela luta contra o czarismo e mais pela participação no terror, praticado de forma sistemática e planejada desde a guerra civil, mais especificamente desde o atentado contra Lenin.

Emblemática dessa troca de gerações é o fuzilamento de Bukharin, em 1936, e a concomitante ascensão de Beria ao comando do aparelho repressivo. Cumpriu-se, dessa forma, a previsão de Kropotkin: os bolcheviques terminaram devorados pela máquina de repressão por eles montada para derrotar a contra-revolução.

Numa análise retrospectiva, pode-se perguntar se esse resultado já não se encontrava inscrito no desenvolvimento inicial da revolução. A componente cientificista do marxismo continha um claro viés autoritário. Mais especificamente, a posição bolchevique absorvera e expandira o diagnóstico de Marx a respeito das causas da derrota da comuna de Paris. A hesitação em reprimir os partidários do governo burguês teria levado à derrota e ao massacre que se seguiu.

Certamente, os bolcheviques não estavam dispostos a pecar por brandura e o fechamento dos partidos e jornais contrários à revolução foi uma das primeiras medidas tomadas. Num primeiro momento, as correntes integrantes do governo provisório deposto, liberais e mencheviques, foram colocadas na clandestinidade. Em seguida, os próprios aliados iniciais, os socialistas revolucionários e anarquistas de diferentes matizes foram reprimidos. Finalmente, na esteira da luta sucessória, após a morte de Lenin, as posições bolcheviques derrotadas foram também expurgadas, presas e fuziladas. A cada passo avançava-se na escalada do terror, ao ponto de os expurgos, até o fim da vida de Stalin, haverem assumido quase um caráter de periodicidade, de elemento previsível no calendário da dinâmica partidária.

Como entender então o extraordinário poder de atração do regime soviético sobre as classes trabalhadora e camponesa, de oriente e ocidente? Em primeiro lugar, é preciso ter em mente que o pré-guerra foi uma época de baixa estima da democracia. Identificada com o liberalismo e a defesa do livre-mercado, teve sua imagem vinculada ao imperialismo britânico e à crise econômica e foi encarada por setores importantes como uma corrente produzida por condições históricas específicas, então em decadência. A alternativa desenhava-se cada vez mais clara: autoritarismo de esquerda, ou seja, comunismo soviético, ou de direita, como o fascismo, o nazismo e os diversos movimentos assemelhados que chegaram ao poder em diversos países europeus.

Em segundo lugar, pesou o inconteste sucesso econômico dos primeiros tempos da experiência soviética. Enquanto os Estados Unidos e a Europa ocidental mergulhavam na crise de 1929, a economia soviética parecia imune a ela. Do lado capitalista havia recessão e desemprego, do lado socialista o crescimento econômico era mantido a taxas relativamente elevadas. Aparentemente, o planejamento fornecia o antídoto para a crise, e o capitalismo rapidamente incorporou elementos de planejamento central para "corrigir" efeitos indesejáveis dos mecanismos de mercado. O caso exemplar é o New Deal norte-americano.

Finalmente, havia a máquina propagandística do regime. Pode-se indagar da razão da credulidade contínua de milhares de militantes. Como entender que a transformação de heróis da revolução em espiões e traidores tenha sido plausível para comunistas do mundo inteiro? Ou que cientistas de renome, filiados aos partidos comunistas do Ocidente, tenham levado a sério as perorações da "genética marxista" de Lisenko, canonizada por Stalin?

Havia, evidentemente, um forte desejo de crer no incrível. Uma recusa em admitir que ao invés de aproximarmo-nos da utopia estávamos afastando-nos dela. A forma padrão desse desejo era a crença de que, concedendo a possibilidade de verdade ao que era publicado pela imprensa "burguesa", tudo era um mal necessário, imposto pela competição com o imperialismo, que se dissolveria quando do triunfo completo do socialismo, ao perder sua funcionalidade. Acreditávamos, em suma, ser possível construir a democracia plena mediante a supressão temporária da democracia formal. A repressão do presente era condição necessária da emancipação completa do futuro.

É preciso não perder de vista, também, os sucessos imediatos do regime socialista, sucessos que hoje tendem a ser subestimados. Já mencionamos o êxito da economia planificada, num momento em que a economia de mercado parecia incapaz de resolver as crises que produzia. Esse êxito prolongou-se até o final da década de 50. Nos seus primeiros quarenta anos, a economia soviética cresceu a taxas muito elevadas, comparáveis ou superiores às dos países líderes do mundo ocidental.

Em segundo lugar, o socialismo real alcançou êxito imediato no objetivo central para as idéias socialistas: a equalização das condições de vida. A miséria e a fome foram erradicadas em poucos anos e as condições de vida, de maneira geral, niveladas no patamar permitido pelo volume da produção.

Em suma, criou-se uma sociedade austera, com níveis de consumo relativamente parcos, se comparados com os das classes afluentes da Europa e dos Estados Unidos, mas igualmente distribuídos pelo conjunto da população. A educação e a saúde foram colocadas ao alcance de todos, e os indicadores nessas duas áreas superaram, em pouco tempo, os dos países capitalistas. Filhos de operários e camponeses receberam treinamento universitário em massa, ao longo de toda a existência da União Soviética, situação inconcebível nos parâmetros do regime deposto. Como resultado, o desenvolvimento extraordinário da ciência, especificamente da ciência pura, não imediatamente aplicável em termos de tecnologia, e uma das maiores relações doutores/população da comunidade internacional.

Para nós — militantes de países do Terceiro Mundo, nos quais a maioria da população estava e está amarrada pela fome, pela miséria, pela ignorância e pela violência; onde o poder e a riqueza estavam e estão absurdamente concentrados nas mãos de uma elite atrasada, violenta e imediatista — o exemplo de um país que eliminara a pobreza e a ignorância em poucos anos, que crescia mediante o planejamento racional das atividades econômicas e que conseguira instaurar o reino da igualdade, colhendo os frutos da massificação das oportunidades na ciência e no esporte, aparecia com um apelo irresistível.

O sucesso nesses campos era, para nós, a prova viva de que o futuro estava na eliminação da propriedade privada. As lesões à democracia formal, mesmo quando não exageradas ou simplesmente inventadas pela imprensa burguesa, não eram mais que a contrapartida, necessária e temporária, dos avanços no rumo da democracia real e substantiva.

E mais ainda, o prestígio do socialismo nos meios intelectuais e trabalhadores dos países capitalistas explica-se, também, pela atuação da União Soviética no plano internacional. A participação soviética na guerra foi claramente decisiva para a vitória sobre o nazifascismo. O exército vermelho suportou, durante anos, a maior parte do esforço de guerra alemão, sofreu o maior número de baixas e, ao reverter o cerco de Stalingrado, mudou o rumo da guerra, colocando o nazismo, pela primeira vez, na defensiva.

Por outro lado, o papel dos partidos comunistas da Europa na organização da resistência, principalmente na França, Itália, Iugoslávia e Grécia, foi fundamental e apagou a memória da passividade inicial, quando do pacto nazi-soviético de 1939. Por tudo isso, o fim da guerra assistiu a um revigoramento dos partidos comunistas no mundo inteiro.

Na Europa, esse revigoramento traduziu-se, em 1947, na condução desses partidos ao poder nos países ocupados pelo exército vermelho. Nos países não-ocupados, contudo, esses partidos foram excluídos dos governos de coalizão formados no pós-guerra e, no caso de resistência armada, como na Grécia, reprimidos e massacrados pela força das armas.

Na Ásia, a resistência aos invasores japoneses levou os comunistas ao poder, a partir de 1949, na China, na Coréia do Norte e no Vietnam do Norte. O socialismo real extravasara, pela primeira vez, as fronteiras da União

Soviética e constituía explicitamente um sistema concorrente ao capitalismo, disputando com ele países e áreas de influência no mundo inteiro. Tinha início o período da guerra fria, da corrida armamentista desenfreada, que levou ao acúmulo de armamento capaz, em cada lado, de destruir o mundo várias vezes.

Nesse período a atuação internacional da União Soviética guiou-se, em parte, por diretrizes de interesse nacional. Muitos até mesmo criticam o que consideram ser o abandono dos movimentos progressistas nas áreas de influência norte-americana. Comunistas da Europa ocidental, América Latina, Ásia e África estariam entregues à intervenção imperialista sempre que ameaçassem chegar perto do poder, como ocorreu na Grécia, na Guatemala, em São Domingos e no Irã, entre outros casos. Em contrapartida, não haveria intervenção americana nos distúrbios ocorridos na área de influência soviética, como nos casos da Hungria e da Checoslováquia.

Há uma parte de verdade nessas colocações, mas elas não explicam a totalidade da política externa soviética. Como aponta Hobsbawm, os interesses nacionais soviéticos não explicam o apoio a movimentos progressistas, anti-racistas e de libertação nacional no mundo inteiro, como o CNA (Congresso Nacional Africano) na África do Sul e a OLP (Organização para Libertação da Palestina) em Israel. Essa ajuda explica-se apenas por razões ideológicas e contribuiu em muito para o prestígio soviético entre trabalhadores e intelectuais no mundo capitalista.

O auge do otimismo quanto ao futuro do socialismo real acontece na gestão de Kruschov, após a morte de Stalin, e a curta disputa pelo poder que se segue a ela. A denúncia pública dos crimes do stalinismo, no decorrer do XX Congresso do Partido Comunista da União Soviética, provocou, sem dúvida, um choque profundo na militância comunista do mundo inteiro.

Afinal, todas as denúncias da imprensa ocidental, cuidadosamente negadas durante anos, eram admitidas pelos novos dirigentes partidários. Stalin passou, sem transições, de guia genial dos povos a genocida. O fato foi aproveitado como justificativa pelo partido comunista da China para seu distanciamento da União Soviética e para gerar uma cisão no movimento comunista internacional.

Apesar da divisão, havia motivos reais para o otimismo. A crítica ao stalinismo provara, de certa maneira, a capacidade do sistema de reconhecer seus erros e de distanciar-se das formas autoritárias que tomara no seu início.

A desestalinização parecia levar a uma democratização profunda do regime, que não se limitaria à redução ou desativação do gulag e do sistema de expurgos e execuções massivas que caracterizavam a dinâmica partidária anterior.

A economia soviética, por sua vez, continuava a crescer a taxas substancialmente mais elevadas que as do Ocidente, a ponto de o partido haver aceitado como meta governamental a superação econômica dos Estados Unidos no curto prazo.

Finalmente, o lançamento dos primeiros satélites artificiais e, depois, da primeira nave tripulada, enfim, a vanguarda na corrida espacial recém-iniciada parecia a comprovação da superioridade científica e tecnológica do socialismo.

O otimismo, no entanto, seria de curta duração. Em 1964, Kruschov é derrubado e tem início o período dominado por Breshnev, conhecido posteriormente como a era da estagnação. O crescimento extensivo, baseado em investimentos de grande porte, concentrados nas indústrias de base, parecia haver-se esgotado e as taxas de crescimento econômico começaram a declinar. O problema é que essa situação perdurou, sem reação significativa, por quase vinte anos.

Como foi possível manter-se por tanto tempo uma situação de estagnação, que finalmente levou à derrocada do sistema? O regime carecia, na verdade, de mecanismos eficientes de correção de rumos. O fracasso econômico não se expressava por meio de alterações diferenciadas na situação dos mercados.

Em outras palavras, as penalidades e os custos da ineficiência eram distribuídos eqüitativamente e mascarados, dessa forma, com eficiência. Não havia falências, desemprego, direcionamento automático de investimentos em função dessa situação. O fracasso manifestava-se na carestia — administrada burocraticamente e enfrentada por filas igualitárias — e nos relatórios de prestação de contas que circulavam por toda a rede burocrática, sempre sujeitos às falsificações de praxe, de ajuste forçado dos resultados às metas estabelecidas, falsificações que respondiam à lógica e interesses de ascensão próprios da burocracia.

Além de não ter mercado, o regime carecia de condições mínimas para uma democracia que desse aos cidadãos oportunidade de manifestar seu descontentamento com a falta de produtos, alterando o quadro de governantes e promovendo as mudanças necessárias. Sem mercado e sem democracia, o insucesso pôde ser mascarado, ignorado e mantido por duas décadas até que a consciência da necessidade de mudanças chegou, após um caminho lento, à cúpula do partido.

Como seria de se esperar, a consciência da necessidade de mudanças drásticas no regime teve início nos setores da burocracia partidária com acesso privilegiado às informações sobre a situação interna e externa: a diplomacia e o equivalente à comunidade de informações. A ascensão de Andropov, quadro de carreira da área de informações, ao comando supremo do partido e do país deu-se numa perspectiva reformista, frustrada por sua morte pouco tempo depois. Após um curto interregno, a auto-reforma do regime volta à ordem do dia com a condução de Gorbachev à secretaria-geral do partido.

Tem início o período conhecido pelas diretrizes que o caracterizaram: glasnost, ou transparência na produção e na administração, e perestróica, ou reestruturação completa da economia. Pode-se dizer que enquanto a política de glasnost teve um êxito relativo — afinal presos políticos foram soltos, a informação passou a circular com maior liberdade, condições mínimas de associação livre começaram a ser criadas, o debate, livre da ameaça da repressão, intensificou-se — a de perestróica não conseguiu reverter o quadro de crise econômica agudo do país, cada vez mais evidente em função da transparência maior da sociedade.

Gorbachev teve o mérito de implementar o diagnóstico formulado pela ala reformista do partido. Criou as condições para a partida de um processo de construção da democracia na União Soviética. Não conseguiu, contudo, introduzir os mecanismos de mercado necessários à reestruturação da economia nem garantir a sobrevivência de sua liderança e do regime, pelo tempo necessário para completar o processo.

A abertura política deixou insatisfeitos os conservadores e as mudanças da economia retiraram o escudo de proteção que o Estado mantinha sobre a população. Os custos da ineficiência econômica, antes distribuídos democraticamente nas filas, passaram a incidir de forma diferenciada sobre regiões, empresas e indivíduos. Falências, inflação e desemprego voltaram, depois de seis décadas, ao cenário russo.

A população conheceu as mazelas do capitalismo sem usufruir de nenhum dos benefícios a ele associados na Europa ocidental. A inviabilidade do velho sistema não parecia plausível para quem queria voltar ao consumo escasso, porém garantido, de antes. Não é de estranhar, portanto, o fracasso da tentativa de reforma interna e a conseqüente derrocada do regime.

Esta começou nos países do Leste europeu. Em pouco tempo, os governos comunistas caíram, iniciando a transição para democracias políticas e economias de mercado. A queda foi mais inesperada nos casos em que os partidos comunistas posicionaram-se resolutamente de forma contrária ao ímpeto reformista da União Soviética, como a então Alemanha Oriental, que não resistiu à abertura forçada de suas fronteiras, e a Romênia, onde o regime foi derrubado por uma insurreição popular sangrenta.

A própria União Soviética não sobreviveu por muito tempo mais. Logo depois de uma tentativa malograda de golpe conservador, as principais repúblicas dissolveram, em comum acordo, a União, deixando Gorbachev a presidir um país inexistente.

Era inevitável esse desenlace? A derrocada certamente não, mas a tentativa de reforma do regime a partir de seu interior constituiu seguramente a única alternativa disponível para aqueles que, fiéis ao espírito da revolução, pretendiam manter uma alternativa ao sistema capitalista em condições mínimas de competir com ele.

Para tentar debater essa questão vamos recapitular as linhas gerais de desenvolvimento do mundo capitalista depois de estabilizada a revolução bolchevique.

A ordem internacional construída ao longo do século XIX encerra-se com a Primeira Guerra Mundial. Nesse período, o capitalismo concorrencial cedera lugar ao capitalismo dos oligopólios e trustes, dominados pelo capital financeiro. O traço característico das décadas finais do século foi a erosão continuada da livre concorrência, minada pelo surgimento de atores novos, com poderes cada vez maiores na determinação dos preços. Fusões e incorporações de empresas, em escala ainda não vista, quase sempre expressando a dominação do capital bancário sobre o industrial, reduziram, em cada setor, o número de competidores, abrindo espaço para o acordo entre eles, para a formação de trustes.

Esse processo foi analisado com pertinência pelos estudiosos marxistas de então, principalmente Hilferding e Lenin. Estes autores apontaram ainda, de maneira clara, as conseqüências políticas da nova situação. Em condições de concorrência limitada, passava a ser de importância fundamental assegurar a reserva de fontes de matérias-primas e de mercados cativos de produtos industrializados.

As colônias africanas e asiáticas preenchiam esses papéis e a disputa por esses territórios passou a ser o centro das relações entre as potências européias. O imperialismo foi visto como conseqüência direta da nova era capitalista e a guerra generalizada, uma possibilidade cada vez mais atual da situação.

Veio a guerra e durante o período de reconstrução o apelo ao mercado livre, protegido de intervenções do Estado, manteve seu prestígio, principalmente nos paises anglo-saxões. A crença na infalibilidade desses mecanismos só veio a ser abalada, como vimos, com a crise de 1929. Esta foi, sem dúvida, a última crise no estilo do século XIX. Seus efeitos foram tão profundos e duradouros que se justificava a esperança socialista a respeito de seu caráter terminal sobre o capitalismo. Falências em cadeia, desemprego e destruição em grande escala de forças produtivas, tal como nos ciclos de crise analisados por Marx.

No entanto, o capitalismo sobreviveu. Incorporou a planificação na sua gama de políticas econômicas possíveis. Nos Estados Unidos, principalmente, a crise só foi superada com a aplicação de um vasto programa de manutenção da renda da população, como meio de reativar os mercados de consumo, desativados com o alastramento do desemprego. Esse conjunto de políticas, de clara inspiração keynesiana, foi implementado pelo governo Roosevelt e seu sucesso possibilitou um longo período de presidência do partido democrata.

No plano político, entretanto, a crise não rendeu nenhum fruto revolucionário, além da constatação, já mencionada, da imunidade soviética a ela, que atestou a legitimidade do socialismo como alternativa ao capitalismo. Pelo contrário, levou, no final, à consolidação do fascismo ou de regimes protofascistas em diversos países da Europa. Neles, o capitalismo incorporou a planificação da economia de maneira mais radical ainda e essa foi a via pela qual a Alemanha nazista redirecionou a produção para necessidades da guerra prevista e conseguiu taxas de crescimento elevadas.

A guerra mundial destruiu uma quantidade enorme de vidas e forças produtivas no continente europeu. Poupou, no entanto, o território americano e forneceu o estímulo para o crescimento a taxas significativas. Graças a isso, no fim do conflito, a posição americana era de liderança incontestada do mundo capitalista, com uma economia em ritmo de crescimento acelerado. A reconstrução da Europa, inclusive a dos países derrotados, colocou-se como imperativo na disputa com o socialismo. Países com partidos comunistas fortalecidos na resistência não poderiam se manter em crise, caldo de cultura ideal para empurrar as populações para posições políticas anticapitalistas.

Tem início, então, uma das épocas mais duradouras de prosperidade do mundo capitalista. O período de quase três décadas, que vai de 1945 aos primeiros anos de 1970, combinou crescimento continuado, não perturbado por crises, com níveis de emprego praticamente pleno, fazendo jus ao nome de era de ouro, dado por Hobsbawm.

Nesse período, a relativa estagnação tecnológica garantia que o crescimento se traduzisse em absorção de novos trabalhadores segundo uma relação praticamente constante unidade de capital/número de trabalhadores. Garantia também uma previsibilidade maior dos efeitos das políticas econômicas. As economias capitalistas estavam mais planificáveis, em condições de aplicar plenamente as lições da crise de 1929, como efetivamente o fizeram. Essas duas décadas e meia foram também a era de ouro da intervenção do Estado nas economias capitalistas.

De início, no imediato pós-guerra, o governo socialista britânico nacionalizou a produção de carvão, parte da de aço, bem como serviços de transporte, comunicações e a totalidade do setor saúde. A França gaullista tomava medidas semelhantes, colocando nas mãos do Estado parte importante da estrutura produtiva do país. Na Itália, diversos gabinetes comandados pela democracia cristã construíram uma extensa rede de empresas públicas.

Governos social-democratas instalaram-se na Áustria, Escandinávia e, posteriormente, na Alemanha Ocidental, reforçando, em todos esses países, a presença do governo na atividade econômica e os mecanismos de controle sobre ela.

Não se limitou à economia, contudo, a intervenção pública. Nesse período, um conjunto de direitos de novo tipo foi reconhecido aos poucos pelo Estado, e o planejamento foi mobilizado para assegurar sua garantia: a previdência social, a rede de seguros contra a doença e a invalidez, o emprego ou uma compensação pecuniária na sua ausência, a assistência médica, a educação, todos os chamados direitos sociais.

Dessa forma, foi sendo construído, com parte do excedente produzido no período de bonança prolongada do capitalismo central, o Estado do bem-estar social.

Evidentemente, esse quadro se aplica apenas aos países industrializados do Primeiro Mundo pois, no Terceiro, continuava a vigorar a miséria para grande parte da população, mesmo naqueles países, como o Brasil, empenhados num esforço de industrialização.

Os primeiros anos da década de 70 acumularam indícios de esgotamento do ciclo de crescimento. Nixon desvincula o dólar do lastro em ouro de que até então dispusera. Concomitantemente, os países produtores de petróleo constituem um cartel, a OPEP, e multiplicam os preços do óleo, matéria-prima estratégica para o modelo produtivo vigente então e até hoje. Essas duas decisões deram início a um período de turbulências caracterizado por forte tendência à recessão. A principal mudança, no entanto, já se encontrava em andamento e ainda era pouco percebida: uma profunda revolução científico-tecnológica.

O relativamente lento ritmo de inovação tecnológica do pós-guerra até então redundara na combinação ótima de crescimento sem desemprego. No entanto, a partir de 1970, sucedem-se, numa velocidade cada vez maior, inovações tecnológicas de aplicação produtiva quase imediata. A informática, a robótica, a química fina, a biotecnologia, entre outros novos campos, revolucionam a produção.

O crescimento se mantém, concentrando-se mais por setores, países e empresas. A revolução nos meios de comunicação e de transporte diminui o espaço do planeta, iniciando o processo que conhecemos hoje como globalização.

A questão principal, do ponto de vista do tema que discutimos, é que essa revolução tecnológica concentrou-se no mundo capitalista. Vimos que a capacidade estritamente científica da União Soviética era igual ou superior à dos países ocidentais. A produção de conhecimento científico puro também ocorreu lá numa quantidade significativa. No entanto, a transformação desse conhecimento em aplicações produtivas, em tecnologia, limitou-se, na União Soviética, aos campos externos ao mercado e independente de suas determinações, como a produção de armamento e a corrida espacial. A produção de bens de capital e de bens de consumo revelaram-se impermeáveis à transformação da poderosa ciência soviética em tecnologia.

Ocorreu, em suma, uma confirmação irônica das teses marxistas. Os marxistas de todos os matizes imaginaram por muito tempo que as relações de produção capitalistas já aprisionavam, de maneira insuperável, o desenvolvimento das forças produtivas. Mesmo as descobertas científicas recentes, como a energia nuclear, só poderiam ser usadas, no capitalismo, para a destruição, não para a produção material.

Na verdade, a revolução tecnológica apenas provou sua viabilidade no capitalismo. A nova tecnologia depende da livre disseminação das informações, da iniciativa atomizada, de processos decisórios plurais, de correção imediata quando necessário. Exige, em suma, alguma forma de mercado e torna obsoleto o ideal de planificação completa e "racional" da produção.

Em outras palavras, os acontecimentos mostraram que as relações sociais de produção vigentes no socialismo real eram incompatíveis com o novo patamar das forças produtivas e que seriam, como o foram, destruídas por uma revolução social.

Neste ponto, voltamos à pergunta inicial: havia alternativa à tentativa de reforma do regime? Trata-se de uma questão complexa. Mesmo Hobsbawm tende a pensar que uma autarcização do mundo comunista era viável e que se poderia manter a população daqueles países, pela persuasão ou pela repressão, numa situação de consumo apenas suficiente, equânime e não excessivo quando comparado à situação do Primeiro Mundo. Diz ele, a certa altura de seu livro, que a causa primeira da derrocada soviética teria sido a decisão de aproveitar-se dos novos preços do petróleo e entrar no mercado como vendedora, para prover-se de divisas. Essa dependência teria amarrado o Segundo Mundo à dinâmica do capitalismo e tornado inevitável a competição no terreno mais vantajoso para o inimigo.

É preciso perguntar se a autarcização, mesmo se fosse possível, evitaria a competição num plano mais profundo que o da circulação de informações e mercadorias. Trata-se da legitimidade da utopia socialista. A promessa da utopia não era apenas a da eliminação da miséria, numa situação de igualdade de condições de vida de todos os cidadãos. A promessa socialista era a da construção de um sistema superior em todos os aspetos ao capitalismo, mais justo, sem dúvida, mas também mais abundante.

Nessa perspectiva a revolução tecnológica no mundo capitalista teve um efeito profundamente perturbador nos países socialistas, principalmente nas suas elites políticas, os quadros dirigentes dos partidos comunistas. Não se trata apenas do oferecimento de novas possibilidades de consumo que possam ser descartadas como supérfluas e, portanto, ilegítimas. Trata-se até das condições básicas de educação e saúde, áreas que, até então, os países socialistas exibiam como cartão de visita do regime. Mesmo nesses campos, o desenvolvimento inicial acelerado cedeu lugar à estagnação, enquanto o Ocidente começou a dar saltos.

Diz Hobsbawm que, no momento em que países menores do Ocidente capitalista ultrapassaram os soviéticos em expectativa de vida, a legitimidade do regime começou a ser posta em dúvida pelos próprios quadros partidários. Afinal, qual a credibilidade que o sistema podia inspirar no momento em que o trabalhador ganhava quatro ou mais anos de vida apenas pelo fato de viver, não no país em que era teoricamente o centro da sociedade, mas em outro no qual, também teoricamente, era submetido à exploração?

Em todo caso, em 1988, no início do processo de reforma do regime, não tínhamos uma idéia precisa das dificuldades a serem enfrentadas. Vivíamos muito mais no campo do desejo de que a perestróica e a glasnost pudessem efetivamente renovar o socialismo. Se dispuséssemos dessa consciência, talvez a grande oportunidade de promover a vitória, naquele ano, não se perdesse.

Retrospectivamente, a saída possível consistia em dar ênfase à democracia como elemento dinâmico da mudança do sistema e da construção de uma estrutura produtiva adequada à nova realidade da revolução científica e tecnológica. Aquele era o momento.

É interessante notar que os primeiros sinais dos novos tempos foram simultâneos nos dois sistemas: a rebelião estudantil, em maio de 1968, na França, e a primavera de Praga. Naquele momento estava se manifestando nas ruas a necessidade de adaptação das instituições a uma realidade que começava a surgir. Novos paradigmas, nova organização social do trabalho e do capital, os sinais já estavam dados em 1968 e aparentemente foram melhor compreendidos e assimilados pelo mundo ocidental.

No mundo socialista, na ausência de democracia era impossível a adequação aos novos paradigmas. E essa capacidade de adequação, inexistente naquele momento, continua assim em importantes setores da esquerda, no Brasil e no mundo. Em 1988, pensamos, no PCB, que Gorbachev representava essa capacidade de democracia e adequação. Nós imaginávamos que o esforço de renovação era possível.

Acompanhei o XXVII Congresso do Partido Comunista da União Soviética e pude constatar a distância entre o patamar tecnológico vigente lá e o do Ocidente. Discutiu-se a revolução científica e tecnológica e setores inteiros da indústria soviética estavam obsoletos. Enquanto no Brasil estávamos na eletrônica, lá estavam na válvula. Para mim, foi uma demonstração clara de que o sistema havia sido superado e de que a recuperação seria difícil.

A derrota do socialismo real, ainda não admitida por muitos setores, foi grande, profunda e teve impacto, reconhecido ou não, em todos os projetos que se reivindicam de esquerda. Depois da derrota, o socialismo foi dissecado e erros e equívocos que não se imaginavam começaram a aparecer.

Dizíamos: o mercado é cego às necessidades de preservação do meio ambiente, só o controle do Estado pode dar conta dessa tarefa. Hoje sabemos a devastação ambiental, a desertificação em grande escala provocada em áreas enormes pela tentativa de reverter o curso de rios de grande porte, do Ártico para o Mar de Aral, para fins de irrigação. Dizíamos também que a vontade politica gerada no socialismo construíra uma arquitetura de convivência que eliminara os conflitos entre etnias, culturas e religiões que assolam o mundo capitalista.

Pelo contrário, foi só acabar o escudo da repressão que esses conflitos ressurgiram com toda força. A União Soviética dissolveu-se na primeira oportunidade e a ex-Iugoslávia vive uma guerra civil que apresenta a questão do genocídio e da limpeza étnica em parâmetros análogos aos do nazismo.

Quero frisar, mais uma vez, que esta não é uma questão que diz respeito apenas aos comunistas. Todos os socialistas acreditavam na incapacidade de o mercado contribuir para uma distribuição ótima de recursos, investimentos e rendas, na sociedade. Todos acreditavam que o Estado poderia desempenhar esse papel de maneira racional, sem desperdícios e injustiças sociais. Os que hoje querem se refugiar em críticas passadas à União Soviética esquecem que suas críticas nunca atingiam os fundamentos do regime. Atacavam-se as aplicações inadequadas, desviantes ou heterodoxas desses fundamentos. Não se criticava o terror, por exemplo, mas os alvos equivocados desse terror.

Pois bem, estas crenças, estes fundamentos comprovaram-se falsos e nosso desafio hoje é a reconstrução de uma utopia socialista que absorva a necessidade de alguma forma de mercado, atuando sempre sob o controle de mecanismos de participação e de decisões próprios de uma democracia radical.

Com tudo isso, a esquerda perdeu seu "corpo" e ainda não encontrou outro. Parece uma alma penada, na sua recusa a encarar a realidade desses fatos, mas vai terminar por encontrá-lo, pois a própria sociedade está a exigi-lo. Não o velho socialismo, impossível de ressuscitar, mas o novo que tem de ser criado.

Hobsbawm lembra que talvez nosso breve século XX seja observado no futuro como uma época de guerras religiosas, como o século XVII europeu. Afinal de contas, a Segunda Guerra Mundial e a guerra fria foram marcadas pela disputa ideológica. Talvez ter uma utopia seja uma forma de religião.

No poder, reformamos igrejas e museus, sem êxito, é claro, para substituir a crença no sobrenatural pela crença na ciência, na dialética e nos rumos do desenvolvimento histórico. Continuo a ver a religião como uma forma de alienação, mas reconheço que a dimensão religiosa pode estar presente no utopismo, necessário a toda ação de mudança da sociedade.

Aliás, já se disse que Marx foi um fruto conseqüente da cultura judaico-cristã, uma tentativa de transplantar o céu para a terra, apesar da retórica anti-religiosa, típica da atitude crítica da escola filosófica alemã da época. Deus era o desconhecido e o culto, a manifestação de ignorância.

No entanto, só se mobiliza despertando esperança, esperança que não pode ser percebida objetivamente. Pode ser fruto da fé, da utopia, de saber que algo pode ser feito, que a realidade não é imutável.

Hoje a esperança está na possibilidade de uma sociedade mais justa, mais igualitária, que possa garantir mais liberdade e assim criar expectativa de felicidade. Se houver ação política na afirmação desses valores, isso é uma esperança.

Capítulo 2

Estado e Democracia

A concepção liberal e burguesa, predominante no pensamento político imediatamente anterior aos trabalhos de Marx, considerava o Estado como momento supremo e definitivo da vida coletiva do homem, o reino da "liberdade regulada", produto supremo da razão humana. Havia razões objetivas para essa postura otimista, quando não apologética. Afinal, os primeiros anos do século XIX assistiram à consumação de um processo iniciado dois séculos antes, de reestruturação das instituições políticas a partir do conceito, cada vez mais central, de cidadania.

Tratava-se, em suma, da tradução no plano da política institucional, das idéias de liberdade e igualdade de todos os seres humanos, recém-dominantes após um longo período de luta contra os agentes do antigo regime: a monarquia absoluta, a nobreza e o clero. Nesse processo, toda a concepção de mundo que legitimava a velha ordem, fundada na subordinação dos indivíduos e seus interesses ao conjunto da sociedade, na desigualdade e na hierarquia, foi sendo substituída pela visão individualista, pela idéia fundamental de os indivíduos serem livres e iguais em direitos. Concomitantemente, a idéia de a ordem social ser dada, preexistindo aos seus integrantes, destituídos de poder sobre seus fundamentos, foi sendo substituída pela imagem do contrato social. A sociedade surge por decisão consciente dos contratantes, interessados em escapar dos inconvenientes do isolamento.

As revoluções inglesas do século XVII foram, na verdade, marcos políticos importantes do avanço dessas idéias libertárias e igualitárias. Deixaram como resultado um núcleo fundamental de direitos individuais, os direitos civis, que foi sendo ampliado, definido e consolidado pelo trabalho dos tribunais ao longo do século XVIII. Assim foram sendo reconhecidos os direitos à liberdade de consciência, primeiro, à integridade física, à liberdade, entendida basicamente como livre locomoção, residência, trabalho e manifestação de opinião. As leis sobre a liberdade de imprensa, na Inglaterra das primeiras décadas do século XIX, podem ser vistas como um dos últimos avanços significativos feitos nesse país sob esse aspecto.

As idéias de liberdade e igualdade não se detiveram, no entanto, no espaço individual dos direitos civis, mas invadiram a esfera da política. O marco fundamental aqui foi a criação e o funcionamento de instituições representativas, a partir da experiência e desenvolvimento do Parlamento britânico. O eixo, neste caso, não é mais que a conseqüência político-institucional da definição dos indivíduos como livres e iguais. Se a definição é aceita, não há mais por que aceitar qualquer relação de autoridade que se pretenda "natural", como o direito divino dos reis ou a superioridade de nobres sobre plebeus. A autoridade é necessária para a vida em sociedade, mas só será legítima se fundada no consentimento daqueles sobre os quais é exercida, como já explicitava Locke, à época das revoluções do século XVII.

Essa a idéia matriz do Estado liberal, tal como permanece, em linhas gerais, até o momento. Dela deriva a necessidade da representação, a figura do representante, o instituto do voto, a aglutinação das tendências em partidos organizados, a responsabilidade do executivo perante o cidadão e, no caso particular inglês, o Parlamento. Daí também a ampliação constante e progressiva do direito de voto, da cidadania política, a partir de então. Restrito, no início, aos homens e vinculado à propriedade imobiliária, chegou depois aos ricos, proprietários de dinheiro e foi sendo ampliado progressiva e inicialmente para camadas de renda cada vez mais baixas.

Alcançado o sufrágio universal masculino, o direito de voto foi estendido às mulheres num processo demorado, concluído há poucos anos em alguns países da Europa. No caso brasileiro, a incorporação mais recente para a cidadania política foi a dos analfabetos, privados, até a Constituição de 1988, do direito de voto.

É importante ter presente que o período imediatamente anterior à produção teórica de Marx, o final do século XVIII e o começo do XIX, é o da consolidação desses princípios e da sua expansão pelo continente europeu, mediante o triunfo da Revolução Francesa e sua expansão continental com as campanhas napoleônicas. Havia, portanto, motivos para otimismo. A opressão e a tirania pareciam retirar-se do domínio do Estado, cedendo lugar à liberdade e à igualdade. Mesmo a restauração que se seguiu à derrota de Napoleão não conseguiu a plena volta à velha ordem e o absolutismo restaurado conviveu com a ameaça permanente das revoluções liberais e republicanas.

No entanto, o próprio triunfo da ordem liberal tornou visíveis suas insuficiências e abriu assim o caminho para a perspectiva crítica radical, que tendeu a adotar, logicamente, o ponto de vista dos oprimidos por aquela ordem, a classe trabalhadora. A vinculação estreita entre capitalismo e liberalismo era há muito evidente. Agora, vinham à luz as limitações desse binômio: à medida que se generalizavam os direitos civis e políticos, espraiavam-se a miséria e o desemprego. Os direitos recentemente conquistados pareciam vazios, porque, contra as promessas das revoluções burguesas, não se generalizaram; permaneceram restritos, na prática, aos abastados.

Esse o cerne da crítica radical, expresso na tradição das posições mais igualitárias e avançadas da Revolução Francesa, nas tentativas de reforma social preconizadas pelos socialistas utópicos e no impulso crítico generalizado da esquerda hegeliana. Essa a idéia que Marx desenvolve, a partir de suas primeiras obras, na confluência dessas tradições contestadoras, e que permanecerá viva até os escritos da maturidade.

Para Marx, desde cedo, os direitos apregoados pelo liberalismo não são apenas restritos conjunturalmente, mas impossíveis de universalização enquanto perdurar a ordem capitalista, condição também de seu surgimento e triunfo. Todos se encontram, na ordem burguesa, marcados pelo viés da propriedade privada. A classe dominante usufrui da riqueza social e dos direitos que a lei assegura ao preço de privar a maioria da população de sua parte nessa riqueza e do acesso, concreto, não-formal, a esses direitos.

O resultado é uma sociedade individualista, dominada pelo mercado, pela irracionalidade da produção e distribuição privadas, incapaz de garantir a todos o mesmo direito ao usufruto de bens materiais, simbólicos e até da simples autonomia, base dos direitos civis, em tese já reconhecidos, para todos. Uma sociedade que, como colocado no Manifesto Comunista, já havia jogado na miséria seus fundamentos, os trabalhadores, escravizando-os ao salário e privando-os da partilha dos valores ainda acessíveis à burguesia: a família, a religião, a pátria.

Qual a solução possível? Para Marx, tratava-se de superar os entraves postos à libertação, principalmente a propriedade privada, e toda a superestrutura jurídico-política que a sustentava, centrada no Estado. A verdade é que, uma vez que os direitos do cidadão não eram generalizáveis, o Estado perdia a legitimidade possível e tornava-se apenas o espaço de efetivação da dominação de classe.

O Estado, nessa perspectiva, sempre é o instrumento da classe dominante, instrumento utilizado para a manutenção da ordem particular que se constrói em torno de seu domínio. Sempre, portanto, o Estado favorece uma classe e oprime outra, não sendo de forma alguma o espaço neutro que se pretende aberto a todos os cidadãos para deliberação dos assuntos públicos.

Esta concepção marxista foi posteriormente sistematizada por Engels e, depois, por Lenin. Em síntese, afirmava ser o Estado originado da divisão da sociedade em classes. Uma vez que a sociedade se cinde em segmentos irremediavelmente antagônicos, é impossível persistir a situação anterior de livre acesso de todos aos instrumentos de violência. A organização estatal os monopoliza e passa a empregá-los conforme a lei, expressão também dos interesses de classe.

Assim, em todas as etapas da história humana, cada classe dominante construiu o aparelho estatal compatível com o desenvolvimento das forças produtivas e com as tarefas que tinha de enfrentar. O Estado da pólis antiga difere do existente sob o feudalismo, e este do que centraliza a vida política nas sociedades capitalistas.

Por essa visão, o fim do Estado só se daria após o fim das próprias classes. Ao tomar o Estado como cristalização da dominação de classe, o pensamento marxista afirma, ao mesmo tempo, a necessidade de sua destruição, no horizonte de uma perspectiva emancipatória, e a impossibilidade de essa destruição ocorrer de imediato, enquanto persistir a divisão da sociedade em classes.

Na sistematização de Lenin, apoiado em passagens bastante explícitas de Marx, a chegada da classe operária ao poder poria fim ao ciclo de superação progressiva de dominação de uma classe por outra. A classe operária, uma vez de posse do aparelho de Estado burguês, não poderia utilizá-lo para seus próprios fins, mas deveria destruí-lo e construir outro a eles adequado.

Como seria esse novo aparelho? Para Marx a resposta se encontrava na experiência da Comuna de Paris, de 1870. Ali, a insurreição deu lugar a um Estado de novo tipo, a uma democracia concilial, sem distinção entre Executivo, Legislativo e Judiciário. As comunas, compostas de representantes eleitos, remunerados como trabalhadores e destituíveis a qualquer momento por seus representados, faziam as leis, executavam-nas e julgavam os casos conflitivos.

Que faria esse novo aparelho de Estado? Sua tarefa primeira seria desapropriar os proprietários e organizar a produção em unidades coletivas, controladas pelo Estado ou pelos trabalhadores cooperados. Terminado o fundamento das classes, a propriedade privada, extinguir-se-ia a razão de ser do Estado, e, uma vez obsoleto, sua dissolução ocorreria paulatinamente.

O importante nos fragmentos em que Marx expõe suas idéias sobre o Estado, fragmentos que seriam desenvolvidos por Engels e Lenin, é a idéia precisa de que se o Estado tende à extinção numa sociedade sem classes, o caminho para uma sociedade desse tipo passa, necessariamente, por um período de fortalecimento do Estado, embora de um Estado de novo tipo.

A derrota da Comuna e a repressão que se seguiu ensinaram a Marx que a revolução precisaria de um forte componente repressivo para se defender das tentativas restauradoras das antigas classes dominantes. Daí a afirmação de que a primeira fase pós-revolucionária consistiria numa ditadura dos dominados, no caso, do proletariado.

Como se organizariam a produção e a vida social em geral, sem um aparelho produtor de leis e fiscalizador de sua execução, contando, para tal, com o uso da força, quando necessário? Para Marx, na ausência de classes e de interesses antagônicos, nada impediria o processo de tomada de decisão racional, no interesse de todos.

O livre desenvolvimento das forças produtivas levaria, por outro lado, a uma situação de abundância que possibilitaria a distribuição "racional" conforme as necessidades de cada um e não suas capacidades, habilidades ou contribuição específica à produção social. Uma vez que a racionalidade da produção e distribuição de bens estaria dada, evidente por si, não faria sentido a divergência, a disputa, a competição por cargos. A democracia seria superada, como explicita Lenin, juntamente com o Estado.

O mesmo Lenin exemplifica: não será necessária a coerção por mecanismos especializados, da mesma forma que, no presente, o cumprimento das regras aceitas de boas maneiras, necessárias à convivência, são fiscalizadas por todos e não objeto de lei e penas judiciais. No socialismo, produção e consumo seriam, por um processo natural, alvo de um consenso semelhante, fundamento da hipótese de liquefação do Estado.

Sabemos que os acontecimentos não ocorreram dessa maneira. A premissa marxista de abundância ilimitada em decorrência do progresso tecnológico crescente choca-se com a finitude, cada vez mais evidente, dos recursos naturais. Ficou igualmente claro, também, que as ditaduras do proletariado não portavam mecanismo algum de degradação automática, de recuo a partir de determinado momento, de redução progressiva do Estado e de diminuição de sua ingerência nas vidas dos cidadãos.

Nesse ponto, é forçoso reconhecer a pertinência da crítica anarquista: o Estado revolucionário é uma contradição em termos; uma vez desencadeado, o mecanismo da repressão não se detém no alvo da contra-revolução, mas atinge neutros, simpatizantes e aliados, terminando por tornar-se a palavra final nas disputas internas ao partido e ao Estado. O aparelho repressivo montado pelos bolcheviques devorou, como previra Kropotkin, os próprios produtores da revolução.

Qual a pertinência dessas lições da história para a reconstrução de uma utopia socialista, uma utopia de radical emancipação nos dias de hoje? A crítica marxista à propriedade privada e aos mecanismos de mercado permanece válida, na essência. Não podemos alimentar ilusões quanto à capacidade de o mercado constituir a única ou principal instância ordenadora da sociedade.

O resultado seria, sem dúvida, não só a expansão da miséria e a concentração da riqueza, mas a destruição ou o abandono de bens, materiais e simbólicos, importantes para nós, cuja distribuição e produção não respondem à situação de bom funcionamento de mercados. Estão nesse caso os serviços, como educação e saúde, por exemplo, que o mercado por si só é incapaz de universalizar. No entanto, ninguém nega a importância dessa universalização para a expansão da cidadania e o funcionamento da democracia.

Sabemos hoje, contudo, que se a base da crítica marxista ao mercado permanece válida, a pretensão de eliminar completamente os mecanismos de mercado é ilusória. O planejamento absoluto leva, nas condições atuais, à ineficiência econômica e é duvidoso que possa subsistir numa sociedade democrática. Uma vez que a escassez, em alguma medida, é inerente a nossa condição, como decidir qual a distribuição justa dos bens socialmente produzidos? Mesmo sem classes, haverá diversidade de interesses e é impossível uma solução racional, exclusivamente técnica, que os arbitre.

Por outro lado, a crítica marxista ao Estado parece hoje, ao mesmo tempo, excessiva e insuficiente. Reduzir, por um lado, o Estado e a esfera da política a simples repressão, a epifenômeno da estrutura de classes, é negar de uma só penada a autonomia, mesmo que relativa, da esfera da política e a possibilidade e sentido da democracia. Nesse sentido a crítica é excessiva. Toma um aspecto do Estado, essencial, sem dúvida, e reduz a ele o fenômeno.

A teoria não vê aqui outra dimensão, igualmente importante: a da legitimação da autoridade. Quais as razões e valores que levam o cidadão a obedecer, a acatar uma determinada ordem. Essa a dimensão, fundamental para compreender a democracia, ausente nas formulações de Marx.

De outro ângulo, a mesma teoria parece insuficiente. O desaparecimento previsto do Estado indica a noção de que a expansão progressiva desse Estado contrapõe-se, de alguma forma, aos objetivos emancipatórios dos homens. Nesse sentido, o pensamento marxista nunca abandonou a idéia da incompatibilidade profunda entre Estado e emancipação do homem, da necessidade, portanto, de retirar o Estado da vida social. No entanto, e aí a crítica anarquista toca o alvo, o momento de eliminá-lo foi postergado para um futuro incerto. Precisávamos, primeiro, acabar com as classes, semente do Estado e de toda outra forma de opressão e para isso todos os instrumentos desse Estado eram utilizáveis. A ditadura em grau elevado foi percebida como condição para maior liberdade posterior.

Faltou à teoria marxista, em forma pura ou na versão leninista, a percepção, em qualquer grau, de que o Estado é dotado de uma dinâmica própria que resiste ao direcionamento voluntarista e ignora a pretensa autoridade de uma "racionalidade" absoluta, a revelar-se após a ditadura.

No entanto, permanece claro que se o Estado se revelou, tanto quanto o mercado, ameaça à emancipação, não é mais possível manter a validade da hipótese de sua supressão. Tanto quanto precisamos de mercado para termos bens, materiais ou não, na quantidade e qualidade adequadas, precisamos do Estado para prover os serviços e o ordenamento legal indispensáveis ao funcionamento da democracia, uma vez que, extinto o recurso à racionalidade homogênea do futuro, é a ela, e apenas a ela, que podemos recorrer.

Precisamos de ambos inclusive para controlá-los, pois toda tentativa de eliminar uma dessas duas esferas resultou em agigantamento da outra em prejuízo, imediato ou futuro, da democracia. Tentar viver sem mercado levou ao predomínio do Estado numa ordem ditatorial. A tentativa neoliberal de atrofiar o Estado levará sem dúvida a uma situação de concentração de riqueza, de um lado, e de miséria, material e intelectual, de outro, incompatível com um ordenamento democrático estável.

Necessitamos, portanto, das duas esferas que comunistas e anarquistas procuravam, com estratégias distintas, suprimir. Abandonamos a utopia da indiferenciação, da busca de uma estrutura social sem mediação alguma entre indivíduos e coletivo. Como fazer frente então às ameaças, reais, que essas duas esferas apresentam a todo projeto emancipatório?

A saída, única possível, está na ampliação progressiva da democracia. A democracia deve penetrar cada vez mais a esfera do Estado, deve deixar o mercado atuar nos limites que o definem, deve impregnar a totalidade das relações sociais.

Para pensar uma situação desse tipo, devemos recorrer a outra esfera, contraposta a Estado e mercado: necessitamos de uma esfera pública atuante, na qual as diferenças sejam expostas e debatidas abertamente, que fixe, consensual ou majoritariamente, os parâmetros que regulem a ação do dinheiro e do poder, que definam quais os campos da vida sujeitos ao mercado e ao Estado e quais os campos regidos pela livre interação dos cidadãos, onde não incidem leis ou moedas.

A ênfase numa esfera pública poderosa, que acolha e confronte a livre manifestação das diferenças, que produza definições sobre os limites desejáveis para mercado e Estado, que de certa forma os subordine a seus imperativos, constitui o ponto de partida para a construção de uma nova identidade de esquerda, capaz de contrapor-se à visão neoliberal dominante no momento. O fato é que, com a derrocada do então Segundo Mundo, o neoliberalismo emerge não apenas como alternativa historicamente vitoriosa, mas como a única pretensamente legítima e racional. O pensamento de esquerda é intimado à adesão incondicional, sob pena de ser ridicularizado como obsoleto e irracional. Na verdade, se as mudanças do mundo deixaram as metas e projetos táticos da esquerda privados de sentido, construíram ao mesmo tempo uma conjuntura que apresenta facetas invisíveis aos olhos neoliberais.

A derrota do socialismo real foi comemorada por muitos, particularmente pelos anticomunistas de todos os credos e raças. O fato é que essa derrota deixou um vazio ideológico, temporário no meu ponto de vista, que possibilitou a expansão das correntes neoliberais. Hoje o enquadramento nessa perspectiva parece obrigatório a quem queira fazer política. Governos de origem socialista, nacionalista e populista rendem-se aos imperativos da globalização e adotam posturas caracterizadas por seus oponentes como neoliberais.

Na verdade, o neoliberalismo encontrou facilmente seu lugar num mundo que demonstrou a ineficácia, mesmo a inviabilidade, da política desenvolvimentista em bases exclusivamente nacionais e estatais, nas suas diversas variantes, do socialismo real à diversidade do populismo terceiro mundista. A história parecia confirmar seu triunfo aparente e justificar a postulação de seu fim: não mais conflitos entre sistemas alternativos, mas evolução suave do mundo no rumo da democracia liberal e da economia de mercado.

É preciso ter clara a razão dessa aparência de triunfo. O neoliberalismo mostra-se como alternativa satisfatória para o período recessivo que se instala a partir dos anos 70 porque, nas condições criadas pela revolução técnica e científica, num mundo globalizado, o aproveitamento de toda vantagem pode ser significativo no resultado final da competição internacional. E a percepção e a leitura dos sinais enviados pelo mercado passaram a constituir vantagem importante num mundo em processo acelerado de mudança tecnológica e de competitividade internacional cada vez mais intensa.

Nesse sentido, a auscultação do mercado é, sem dúvida, uma imposição universal. Sendo impossível o isolamento, é inevitável a exposição à competição internacional e a maximização das vantagens comparativas. Países que não podem ser tachados de neoliberais, como a China, estão inserindo-se no processo, com vantagens inegáveis.

No entanto, da necessidade de ouvir e respeitar, até certo ponto, os movimentos do mercado, não se deve passar, como fazem os neoliberais, à postulação de que devamos ouvir única e exclusivamente o mercado. As tentativas de aplicar com conseqüência as políticas neoliberais, de deixar ao sabor do mercado o conjunto mais amplo possível de decisões relativas não só à produção e à distribuiçao de riquezas, mas à sociabilidade como um todo, têm-se revelado de pouco fôlego.

As experiências dos governos Reagan e Thatcher, nos Estados Unidos e na Inglaterra, intensificaram a desigualdade social, sem apontar um caminho para a recuperação econômica. Cresce o número de desempregados e pobres em geral, agora menos assistidos pelo Estado. A Inglaterra, após quase duas décadas de política liberal, continua seu movimento descendente no *ranking* das potências econômicas mundiais.

Nos países egressos da experiência socialista, contudo, o fracasso do neoliberalismo apareceu de forma clara. A crise econômica herdada da transição foi agravada, ao invés de superada, com a aplicação dos remédios favoritos do receituário neoliberal: Estado mínimo e privatizações desenfreadas. O mercado, por si só, como previsível para a perspectiva socialista, não conseguiu aglutinar uma ordem social próspera e estável, muito menos equânime.

As limitações do neoliberalismo revelamse, também, nos embates políticos nos países integrantes da União Européia. Mesmo a ascensão conservadora na Alemanha e, mais recentemente, na França e na Espanha tem preservado a idéia fundamental do Estado do bem-estar social, estruturado, quase sempre, por governos social-democratas: a necessidade de os direitos sociais serem reconhecidos e seu atendimento universal ser objeto da ação estatal, seja de maneira direta, mediante políticas de saúde, previdência, auxílio-desemprego, seja indireta, como é o caso do protecionismo agrícola que ali vigora.

Os sistemas estão em crise, é verdade, principalmente porque o desemprego desequilibrou a relação contribuintes/beneficiários, diminuindo os ingressos e incrementando os custos. A reforma desses sistemas está na ordem do dia, mas sua abolição pura e simples não é colocada publicamente por nenhuma força política de expressão.

Acreditam os neoliberais que a livre circulação dos fatores de produção, capital e trabalho poria fim a esses problemas. A riqueza distribuir-se-ia, ao final, de forma mais equânime pelo mundo. O desemprego e a redução de renda de europeus e americanos seriam o preço necessário a pagar para que milhões de asiáticos saíssem de patamares de renda inferiores aos cinqüenta dólares mensais. Mesmo o desemprego cairia após haver-se atingido um ponto futuro de equilíbrio e a assistência pública à pobreza tornar-se-ia desnecessária.

Sabemos que isso é uma ilusão. Os mecanismos de mercado, a concorrência, são eficazes para a produção de alguns bens e serviços em abundância e a custos decrescentes. Jamais produzirão empregos em quantidade suficiente, a não ser em condições de constância tecnológica que já não conhecemos. O fundamento da concorrência é o aproveitamento de toda vantagem comparativa para reduzir custos e deslocar competidores do mercado e a vantagem comparativa mais significativa é a inovação tecnológica que permite reduzir o tempo de trabalho necessário à produção e, com isso, os custos.

Não há mecanismo de mercado que faça o empresário distribuir o tempo ocupado e o livre eqüitativamente, diminuindo a jornada e gerando uma estrutura de rendas mais igualitária. A tendência do livre mercado é concentrar o tempo livre nos desempregados, em número crescente, e a renda nos empregados, de número cada vez menor. Qualquer solução para essa questão passa pela intervenção do Estado, seja mediante políticas compensatórias, caso o desemprego seja visto como condição para a competitividade externa, seja pela redução forçada, para todos, por meio da lei, da jornada de trabalho.

De qualquer maneira, a presunção do triunfo definitivo do neoliberalismo revela-se apressada. A sua aparente vitória deve-se sobretudo ao fato de estar praticamente só no campo de luta política que se desenhou a partir da revolução científico-tecnológica. Parte significativa da esquerda ilude-se, ainda, em pensar que é possível o retorno ao paradigma anterior e, procedendo assim, mantém-se no antigo campo, que já se esfumou e só existe hoje nos seus desejos.

Urge, portanto, reconstruir a utopia socialista, incorporando o mercado, na medida em que necessário, e recuperando a tradição de democracia radical, que foi sendo dissolvida pela ilusão cientificista do socialismo. Assim, pisaremos o campo de luta real e teremos condições de disputar a hegemonia com as diversas vertentes do projeto neoliberal.

Capítulo 3

Revolução Científica e Tecnológica

É impossível pensar o mundo contemporâneo sem reconhecer-lhe uma das características mais marcantes e fundamentais: este é o período histórico no qual se opera a mais radical das revoluções já experimentadas pela humanidade, tanto em amplitude como em profundidade.

Essa revolução caracteriza-se simultaneamente por uma série de avanços no conhecimento científico e pelo desenvolvimento imediato de aplicações desses novos conhecimentos à produção e circulação de bens materiais e simbólicos. Convencionou-se denominá-la, portanto, revolução científica e tecnológica.

Não se trata, apenas, de um salto qualitativo no acúmulo de conhecimento humano, similar aos que ocorreram em outras épocas. O ritmo dessa acumulação ganhou nova velocidade, entrou em outro patamar, inusitado, uma vez que os avanços nas diferentes áreas interagem e potencializam a produção mais rápida ainda de novos conhecimentos. Nesse sentido, o que distingue a atual revolução de outros tantos definitivos marcos históricos, desde a sedentarização e a revolução na agricultura, é a tremenda rapidez, a agilidade e a amplitude das mudanças e transformações.

A atual revolução científica e tecnológica, por sua velocidade e por sua influência na vida das pessoas e de todo o planeta, inseriu o binômio ciência e tecnologia no centro de todas as demais questões — da economia à política, do trabalho ao capital, do campo à cidade, da religião ao agnosticismo, da criança ao idoso, da escola à empresa, do homem da rua ao mais sábio.

É difícil datar com precisão o início do processo, mas, a partir de meados da década de 70, a multiplicação de inovações tecnológicas com repercussão profunda na produção e na vida cotidiana indicava com clareza a transformação radical que se seguiria. A incorporação progressiva da automação na produção industrial, os avanços nas tecnologias de comunicação, o surgimento da biotecnologia, a aplicação universal da informática, todos esses processos, ainda não esgotados e de conseqüências incertas, tiveram início nessa época. O melhor indicador da mudança já verificada nessa direção talvez seja a miniaturização do computador, objeto síntese da revolução, que possibilitou seu uso individual e personalizado, sua produção em massa e o crescimento exponencial de sua capacidade.

O impacto sobre a produção e circulação de bens foi, é claro, sem precedentes. A capacidade de produzir e deslocar bens no espaço e no tempo potencializou-se de maneira inédita. O caminho é o da produção cada vez maior, com menos tempo de trabalho. Por outro lado, os resultados da revolução no que se refere às comunicações e ao transporte levaram ao "encolhimento" do mundo. As dimensoes de espaço e tempo têm um significado novo, fundamento do fenômeno que chamamos globalização.

Assim, a revolução científica e tecnológica não apenas subverte o modo de produção próprio da revolução industrial, mas também gera, em conseqüência, uma outra organização do trabalho e do capital nos moldes de um efetivo mercado mundial, produzindo novas relações sociais, gerando novas instituições e exigindo novas consciências.

O conhecimento científico, gerando novas tecnologias, tem introduzido inovações fundamentais em diversos campos da atividade humana, desde as ligadas à própria sobrevivência física — como a alimentação e a saúde — àquelas que dizem respeito à maneira de trabalhar ou de organizar o lazer.

Em suma, todas as formas associativas são afetadas pelas transformações tecnológicas inspiradas pela ciência. E, de uma maneira ou de outra, as mais diferentes sociedades, nos mais distantes lugares do planeta se deixam atingir, progressivamente, por essas transformações.

A revolução científica e tecnológica conforma hoje o mundo e, desde logo, anuncia o começo do fim da civilização industrial e do trabalho e o surgimento, numa fantástica aventura humana, da civilização do conhecimento e da informação.

No que se refere ao mundo da produção, da economia, algumas das tendências principais já se desenham com clareza. A conjuntura atual caracteriza-se pela transição do modo de produção de bens para o modo de produção de conhecimento, no qual o processo de produção dominante tende a sair da esteira e a entrar nas residências e a força de trabalho, a passar dos braços para as cabeças.

A valorização da inovação, a importância definitiva do conhecimento e a prevalência do como fazer sobre o produto em si exigem, por sua vez, investimentos definitivos em educação, de modo a que se produza o trabalhador altamente qualificado, íntimo das novas tecnologias e capaz, também, de inovar.

Maior qualificação da força de trabalho se faz necessária para preencher os postos existentes e para criar novos campos de atuação. Hoje, com a redução da jornada de trabalho, com a perspectiva de que se podem produzir riquezas sem a necessária participação direta do trabalhador em seu conceito tradicional, abre-se um campo de desenvolvimento e de conquista daquilo que o homem tem de melhor: o poeta, o artista, a autorrealização, a possibilidade de pensar, de criar, de imaginar...

Estas transformações profundas no processo de trabalho, que já se iniciaram e tendem a acelerar-se, redefinem o trabalhador produtivo e necessário como indivíduo altamente qualificado e geram uma nova realidade.

Abrem possibilidade do novo trabalho a domicílio, altamente qualificado, com importantes implicações, inclusive culturais e políticas. A ampliação do mercado de trabalho para mães donas de casa já é um fato, ao lado da dilatação do tempo doméstico. A individualização do trabalhador longe da linha de produção e do espaço partilhado de trabalho trará conseqüências para as organizações e políticas classistas.

O processo, portanto, diferencia-se, possibilitando o trabalho a domicílio em escala crescente e, também, acarretando economia de mão-de-obra, que pode implicar tanto a redução da jornada de trabalho como o aumento do desemprego. Afinal, pelo menos nas condições atuais de mercado, não tem a garantia de uma nova colocação.

Alguns imaginam até a perspectiva da extinção do trabalho. Na verdade, não é o trabalho que anuncia seu fim, pois é uma atividade vital ao homem, mas sim a classe operária clássica. Esta é a característica essencial da atual crise do trabalho que afeta diversos países, principalmente os mais desenvolvidos da Europa. O trabalho fabril está perdendo cada dia mais sua condição de ser o mais importante gerador de riquezas.

O homem se humaniza por meio do trabalho. Essa verdade permanece. E mais que nunca, vai-se generalizando a possibilidade de obter-se renda pelo trabalho de auto-realização na cultura, no lazer, nos esportes e demais atividades criativas individuais. Hoje, uma das mais importantes indústrias emergentes do mundo, a dos esportes, é uma grande fonte geradora de emprego, de trabalho e de renda vinculada às esferas do lazer, da cultura, do divertimento. Tudo isso é mudança, e mudança crucial.

Os ajustes no mundo do trabalho, decorrentes das recentes inovações tecnológicas, são homólogos a modificações em outras esferas da vida em sociedade e vão pressionando as instâncias políticas na direção de decisões e ações que legitimem as novas relações sociais.

As mudanças não se restringem, entretanto, ao mundo da produção. O novo sentido de espaço, o "encolhimento" do mundo, tem implicações outras, igualmente radicais. Diminui, de maneira geral, a distância, física e de estilos de vida, entre centros urbanos e zonas rurais. A urbanização, também, pode significar processo civilizatório mais intenso e muda, inclusive, seu conteúdo, na medida em que vão diminuindo as diferenças entre cidade e campo; em que, no limite, se torna possível fazer circular a informação e os valores urbanos sem incorporar fisicamente a área rural às cidades. Este fato já é verificável em alguns países onde o avanço tecnológico foi de monta a permitir que o campo se integrasse à cidade, mantendo como diferença apenas sua especificidade produtiva.

O novo espaço que surge tem implicações profundas para a ordem econômica e política internacional. A velocidade dos fluxos de mercadorias, capitais, informações e mesmo pessoas coloca em xeque a concepção tradicional da soberania de cada Estado nacional e força sua redefinição. A revolução científica e tecnológica cria um novo mundo, transforma as atuais instituições, promove a globalização das economias e, ao mesmo tempo que supera fronteiras, cria novas bases para os Estados nacionais.

A globalização aumenta, portanto, a porosidade das fronteiras nacionais. Os fluxos diversos que por esses poros circulam, informação, capital e pessoas, contribuem para redistribuir crescimento econômico e riqueza, mas também miséria e exclusão, pela superfície do globo. Hoje, o crescimento da economia não é mais um fenômeno circunscrito a locais e regiões como a Europa ou a América do Norte. Ele também se verifica em países da Ásia, América Latina e mesmo da África. A miséria e a exclusão, por sua vez, não são mais fenômenos privativos da periferia, pois atravessam as fronteiras e se instalam nos tradicionais centros do mundo capitalista.

Seria ingênuo pensar a globalização apenas na sua dimensão econômica, pelo viés exclusivo de seus efeitos produtivos e distributivos. Há mudanças culturais e sociais importantes em curso. As diversas tradições culturais nacionais e até infranacionais estão em contato estreito, como nunca antes estiveram. De um lado, essa situação implica novas possibilidades de diálogo e tolerância mútua. De outro, maiores oportunidades de conflito, exacerbação de particularismos e localismos, rejeição do diferente, até o limite do preconceito e racismo explícitos. Daí o aparente paradoxo da politização recorrente de regionalismos num momento de globalização. Ao mesmo tempo que o mundo se integra, têm-se espasmos de reações nacionalistas, ultranacionalistas.

Mas, se o processo de globalização muda pontos de vista culturais e o significado dos valores estéticos e éticos, inclusive familiares, das diferentes tradições culturais, por que não irá modificar as demais organizações sociais e políticas? E que propostas estão sendo feitas para essa nova realidade, com suas tendências e contradições, de modo a lhe dar um rumo, uma firmação de valores?

A revolução científica e tecnológica apresenta uma nova realidade que é, também, um desafio: transformam-se as relações entre Estado e mercado e abre-se, nessa mudança, caminho para um novo fortalecimento da cidadania, surge um espaço de cidadão que não é nem privado nem estatal, mas que pode vir a ser um espaço privilegiado. Delineia-se o momento do cidadão livre e, ao mesmo tempo, responsável pelo coletivo, do cidadão que é pessoa pública. Esse o espaço que a esquerda de novo tipo deve trabalhar e ampliar.

É claro que não se pode perder de vista que as potencialidades colocadas pela revolução científico-tecnológica ainda não se realizaram de todo. A redefinição do papel do trabalho humano abre a possibilidade da superação da miséria e do enriquecimento cultural generalizado. Hoje, no entanto, gera desemprego e exclusão. A comunicação mais intensa entre culturas pode ser a premissa de um período de tolerância e articulação de valores comuns. Hoje, acarreta conflito e preconceito. A redefinição do papel dos Estados nacionais carrega o potencial de uma ordem internacional mais justa, mas as guerras localizadas estão longe de extinguirem-se.

Inegavelmente, as mudanças que estão ocorrendo trazem inúmeros problemas, às vezes terríveis. Isso porque toda mudança gera crise e crise é isso: o velho que ainda não morreu e o novo que ainda não conseguiu nascer totalmente. Assim é que este processo que estamos vivendo pode nos abrir a perspectiva do reino da liberdade, caso tenhamos a capacidade de colocá-lo a serviço do homem.

A revolução científica e tecnológica coloca, portanto, desafios paradoxais, repondo problemas tradicionais como a exclusão social e a concentração de rendas e riquezas, redefinindo-os em novos moldes, poupando e preservando força humana de trabalho, por exemplo. O mesmo processo faz emergirem o problema e as direções da solução possível.

O avanço que se conseguiu não significa, de maneira alguma, o fim das desigualdades sociais: elas permanecem e podem, até, aumentar, caso não sejam tomadas e implementadas decisões convenientes. Mas, com o nível de desenvolvimento científico-tecnológico que se atingiu, já existe a possibilidade de se resolverem muitos, se não quase todos, dos problemas da humanidade. Caso resolvêssemos, por exemplo, acabar com a fome, o que é uma utopia, seria tecnicamente possível, pois já dispomos dos recursos tecnológicos, científicos, de comunicação e financeiros necessários.

A revolução técnico-científica é das coisas mais importantes que produzimos e temos. Algumas pessoas, partidos ou outros segmentos sociais têm medo dela, mas com toda a certeza pode ser um instrumento do reino da liberdade.

O problema mais visível que acarretou é, sem dúvida, a ampliação da exclusão social. A globalização gera riquezas e as distribui pelo planeta conforme uma lógica nova. Há riqueza pontual onde antes não havia, como em algumas regiões da Ásia. Em compensação, o velho centro do capitalismo, que parecia haver erradicado o desemprego e a miséria absoluta, assiste à expansão do número de excluídos.

No processo de globalização, na forma presente, as periferias de miséria estão, ao mesmo tempo, dentro de cada país e integradas a todos eles. Por outro lado, há um primeiro mundo rico e desenvolvido em quase todos os países, variando, apenas, a quantidade em que se manifesta, assim como varia o volume das injustiças e da exclusão.

No entanto, a miséria explícita não é o único risco que corremos em conseqüência da revolução científico-tecnológica. O incremento da capacidade produtiva implica a possibilidade de consumir os recursos naturais com rapidez exponencial. Cresce a ameaça ao equilíbrio ambiental e as conseqüências desconhecidas de práticas atuais podem se revelar desastrosas no futuro.

Ainda necessitamos do desenvolvimento tão assumidamente desejado na década de 60. Hoje, porém, queremos o desenvolvimento sustentável. Introduzimos, com mais vigor, a preocupação com o futuro nos empreendimentos que visam ao crescimento econômico e à melhoria de vida das populações.

O atendimento das necessidades e das aspirações do presente não pode ter como custo o comprometimento da possibilidade de as gerações futuras atenderem às suas próprias necessidades. E esse é o grande salto qualitativo que a sociedade moderna tem procurado dar.

A expansão da capacidade produtiva, o aumento dos ganhos de produtividade e de renda por trabalhador, as transformações culturais e de valores, enfim, a elevação da qualidade de vida devem ter como norte o potencial presente e o futuro. Há que pensar em recursos não-renováveis no planeta, há que considerar contingentes populacionais e suas necessidades básicas.

O desafio de praticar-se o desenvolvimento sustentável é imenso. Há que harmonizar interesses diversos como a incessante luta do setor privado por maiores lucros, o mercado, a preservação da natureza, o combate à miséria, enfim, é preciso compatibilizar interesses econômico-sociais completamente desarticulados em termos de planejamento.

Não é à toa que a idéia de desenvolvimento sustentável é freqüentemente vista como contraditória por diversos cientistas sociais. Contudo, a questão principal é justamente a preocupação crescente com os padrões atuais de crescimento econômico e a possibilidade futura de vida humana em nosso planeta.

Será que os atuais padrões de consumo das nações mais ricas podem ser estendidos para toda a humanidade sem corrermos o risco de uma catástrofe ecológica? Quais são os limites do crescimento econômico? Qual é o potencial da tecnologia para sustentar esse crescimento? Como equacionar o problema da distribuição e do consumo, num mundo em que o caráter finito dos recursos aparece cada vez mais claramente?

Em que pesem, porém, as dificuldades e contradições, a busca de sustentabilidade de um modelo ou estilo de desenvolvimento vem se impondo a planejadores políticos, empresários e a cada vez mais amplos setores das populações.

É importante lembrar que influentes segmentos das elites empresariais internacionais já consideram a questão ambiental como um fator de planejamento. O *Business Council for Sustainable Development*, por exemplo, composto por líderes empresariais de diversos países, teve ativa participação na Rio-92.

A tentativa de combinar crescimento econômico com conservação da natureza, expressando o que seria desenvolvimento sustentável, é o esforço de extrair-se um denominador comum entre ambientalistas — segmento mais novo no cenário mundial — e aqueles setores considerados como tradicionalmente responsáveis pela degradação do meio ambiente, como a empresa privada e o Estado.

Esse denominador comum, um conjunto mínimo, mas expressivo, de valores partilhados, depende da vontade e habilidade política dos atores envolvidos, mas, fundamentalmente, apóia-se nas possibilidades efetivas oferecidas pelo avanço científico e tecnológico.

Para muitos, desenvolvimento sustentável é a porta de novos horizontes, inclusive de novos lucros. Novas possibilidades fornecidas por inovações tecnológicas, financeiras, de produtos e de mercados, que são vantajosas do ponto de vista comercial. Exemplo concreto são os chamados "mercados verdes" em plena expansão nos países desenvolvidos.

Para outros, indagações permanecem sem respostas, desafiando as ciências em geral e, especialmente, as ciências sociais: como a análise econômica pode contribuir para a sustentabilidade do desenvolvimento? como incorporar a questão ambiental na ciência econômica? quais as melhores formas e instrumentos de planejamento para uma gestão ambiental adequada? de que forma podem ser alterados os atuais padrões de consumo dos países desenvolvidos?

Atualmente, os países desenvolvidos, apesar de abrigarem aproximadamente 25% da população mundial, consomem, *per capita*, três a oito vezes mais artigos de necessidades básicas do que os países em desenvolvimento. O consumo de leite e de carne, por exemplo, é oito vezes maior e o de cereais, três. Já no consumo de produtos químicos e automóveis, a diferença chega a ser de vinte vezes e mais. Quanto ao consumo de energia, a disparidade é brutal, sendo que o mundo desenvolvido consome 75% de toda a energia produzida no planeta.

Eis aí o desafio para as atuais e futuras gerações: como formular e praticar novas políticas que modifiquem os padrões vigentes nas atividades econômicas, tornando-as adequadas ao desenvolvimento e à conservação dos recursos naturais, trazendo justiça social, eliminando a pobreza, melhorando a qualidade de vida global e protegendo a natureza.

No curso desse processo, que cria possibilidades não-imaginadas para a humanidade e aumenta, simultaneamente, a desigualdade econômica, o conflito entre nações e culturas e o risco ambiental, que fazer? Vamos tentar pôr limites ao processo de criação e aplicação produtiva do conhecimento? Vamos tentar conter o desenvolvimento das forças produtivas por decreto? Desde Marx, sabemos que isso nao é possível. Inegavelmente, o concurso da ciência e da tecnologia de alta qualidade é imprescindível para que se enfrentem esses desafios de maneira exitosa.

Da mesma forma que Marx conseguiu entender o significado da revolução industrial como possibilidade de criação de liberdade enquanto outros a temiam como o final dos tempos e se punham a quebrar máquinas.

temos obrigação de, agora, perceber o significado da revolução científica e tecnológica e aceitar o desafio de usar os avanços obtidos em prol da humanidade.

Quebrar máquinas, hoje, como fizeram ingenuamente os operários no início da revolução industrial, significa não mudar as instituições, a organização social. É preciso entendermos e aceitarmos o dinamismo da história para dele tirarmos proveito. Não adianta colocar antolhos e defender instituições e processos arcaicos, pois seremos atropelados por forças mais estruturais. É preciso admitir, por exemplo, que a classe operária clássica tem um horizonte histórico finito e que o momento atual já pode ser o início de seu desaparecimento.

Resta-nos definir nosso papel num mundo em mutação de modo a podermos orientar as necessárias transformações para a direção que nossos valores indicam. Não adianta querer tapar o sol do avanço histórico com a peneira de avaliações superadas, pois o resultado dessa irresponsabilidade é, sempre, desastroso.

Nesse sentido, uma vez que os fluxos de circulação de capital e tecnologia estão colocados, a questão central é a da inserção de cada estado nacional nessa realidade. Investimentos crescentes em ciência e tecnologia parecem ser imperativos da sobrevivência das sociedades contemporâneas e a diferenciação entre países, num contexto de globalização, será cada vez mais determinada pelo maior ou menor investimento em ciência e tecnologia.

É importante ter em mente, sempre, que o avanço da ciência e da tecnologia não se faz automaticamente, dependendo de ações políticas claras e efetivas. A distância entre países ricos e pobres está, cada vez mais, determinada por tais investimentos.

O papel do Estado é, nessa perspectiva, fundamental. Cabe a ele a definição e implementação de uma política científica e tecnológica incisiva que resulte na geração de conhecimento, no seu desdobramento em tecnologias e na absorção de tecnologias outras, geradas externamente, conforme nossos interesses. O Estado deve ser agente da produção interna de ciência e tecnologia e filtro direcionador da absorção da produção externa.

A produção do conhecimento assume hoje importância estratégica para o desenvolvimento muito maior que o da siderurgia, por exemplo, nos anos de pós-guerra. Da mesma maneira que não faz mais sentido o Estado produzir aço, é vital que produza diretamente e estimule a produção por outros agentes de ciência e tecnologia.

Para nós que, no Brasil, lutamos pela realização dos ideais de igualdade e de justiça social, é imprescindível produzir diagnóstico fidedigno de nossas carências, necessidades e possibilidades e, principalmente, passar do diagnóstico à ação.

E uma ação adequada nesse campo exige medidas de caráter diverso, desde as de escopo mais amplo (como, por exemplo, a criação da Comissão de Ciência e Tecnologia no Senado Federal, que propusemos em 1995, com a incumbência do planejamento e da execução de programas de desenvolvimento científico e tecnológico) até as mais substantivas, como a alocação adequada de recursos suficientes, passando pelo complexo ajuste de interesses da própria comunidade científica e da superação de entraves corporativistas.

Em um mundo marcado pela revolução técnica e científica, é, certamente, fundamental o ajuste permanente da legislação, de modo que os frutos dos avanços obtidos sejam, sempre, canalizados para o bem-estar (incluindo, aí, a proteção ambiental) e a justiça social.

É dentro deste escopo que a lei de patentes, recentemente aprovada no Brasil, fez-se necessidade imperiosa e, pelos mesmos parâmetros, toda lei que trata de patentes deverá continuar, sempre, uma questão aberta.

Alguns paradigmas éticos, econômicos, sociais e estratégicos ainda não estão claramente definidos. Neste sentido, devemos considerar a atual Lei das Patentes importante passo dado no caminho da inserção do Brasil no mundo do século XXI, mas que precisa ser revista sempre à luz de novos debates e das novas relações internacionais.

A verdade é que para o governo e para todos os que desempenhamos funções públicas delegadas pela sociedade o fato de tratar ciência e tecnologia como esfera prioritária não é uma questão de opção, mas sim decisão obrigatória neste momento de desenfreada corrida por um novo padrão de desenvolvimento num contexto de profunda e irreversível globalização.

Mais do que nunca, faz-se necessário que a sociedade brasileira introjete a responsabilidade pela ciência e pela tecnologia. Até os dias de hoje, o desenvolvimento científico e tecnológico no País tem sido financiado, exclusivamente, com recursos públicos. A experiência de países mais exitosos nesta área mostra que, embora o aporte público seja fundamental, quanto mais diversificado é o financiamento, quanto mais instâncias da sociedade comprometem-se com a produção e difusão de conhecimentos, mais vigorosa torna-se a ciência e mais facilmente repassam-se tecnologias.

Precisamos aumentar os investimentos em ciência e tecnologia, melhorar as condições da produção de conhecimentos e da inovação tecnológica quer nas nossas universidades — onde é feita a maioria da pesquisa nas mais diversas áreas do conhecimento — quer nos institutos de pesquisa.

É urgente, no entanto, que a sociedade exija mais produtividade dos investimentos feitos em ciência e tecnologia, que cobre alta qualidade de suas instituições de ensino superior e de pesquisa. A sociedade não pode tolerar o desperdício, a má alocação de recursos, a pouca eficiência nessas instituições. As conseqüências a longo prazo de um sistema de pesquisa e ensino superior acomodado aos parâmetros de uma avaliação complacente podem ser desastrosas.

Apenas crescendo, e crescendo com qualidade, é possível pensar num avanço científico e tecnológico que contribua para um novo patamar de desenvolvimento que beneficie amplos setores da população.

A criação de condições de maior competitividade é um dos elementos importantes para o avanço científico e tecnológico. A recente aprovação da emenda constitucional, de autoria do deputado Sérgio Arouca, facultando às universidades e instituições de pesquisa científica e tecnológica a admissão de professores, técnicos e cientistas estrangeiros, abre caminho para essa competição saudável.

Não resta dúvida de que, apesar das dificuldades enfrentadas pela população nas três últimas décadas, ciência e tecnologia não deixaram de se desenvolver em nosso território. Vem dos anos 60 a expansão vertiginosa de cursos de pós-graduação nas diferentes áreas, a ampliação tanto quantitativa como do valor das bolsas de mestrado e doutorado, inclusive para titulação no exterior.

Hoje, na maioria dos estados e em quase todas as universidades, contamos com centros de excelência e, em algumas áreas de pesquisa, o Brasil coloca-se em posição de destaque no cenário internacional.

O Brasil não é mais uma pequena economia e se ele reclama a sua vocação de nação próspera e moderna para o século XXI, é porque suas universidades, seus centros de pesquisa, seus pensadores, enfim, a despeito de condições nem sempre favoráveis, jamais se negaram a dar o melhor de seus dias e de sua inteligência à causa do progresso e do povo brasileiro.

Não podemos deixar de ressaltar, entretanto, que o intercâmbio internacional é imprescindível para o estímulo de cérebros pela competição baseada no mérito. A possibilidade agora criada de contratação de estrangeiros é instrumento favorável a esse intercâmbio, que vem preencher lacuna e completar outras formas de intercâmbio que se estabeleceram por meio de bolsistas, pesquisadores visitantes, participação em congressos e outras articulações científicas bi ou multilaterais.

A cooperação do pensamento de investigadores e pesquisadores estrangeiros constitui, em todo o mundo, uma das alavancas do desenvolvimento. No Brasil, o intercâmbio internacional foi decisivo para a implantação e consolidação de instituições de pesquisa e ensino superior, desde as primeiras, como as escolas médico-cirúrgicas criadas no Rio e em Salvador em 1808 por D. João VI, até as mais recentes, como a Universidade de São Paulo, a Universidade de Brasília, a Fiocruz, a Unicamp, o Instituto Nacional de Pesquisa Amazônica e o Instituto de Pesquisas Espaciais, apenas para citar alguns exemplos.

Nas ciências não existe o pensamento genuinamente nacional. E, mais que isso: análises recentes têm mostrado que uma das características do atual estágio de desenvolvimento do mundo é a ampliação da oferta e da migração de pessoal técnico e científico. Ou seja, se no mundo cada vez mais globalizado não é possível cercear o fluxo das mercadorias e da informação pelo critério da fronteira nacional, menos ainda é possível limitar o trânsito de "inteligências".

As inteligências fluem pelos continentes a uma velocidade cada vez maior e não compreender esta realidade é dela não tirar proveito para o projeto de construção de uma nação verdadeiramente próspera, moderna e democrática.

Nessa perspectiva, em que pese termos de investir maciçamente em nossos núcleos de ensino e pesquisa de modo a melhorar tanto quantitativa como qualitativamente a ciência e a tecnologia aqui produzidas, nao podemos abrir mão do direito e da necessidade de buscar, de forma cada vez mais ampla, a colaboração docente e técnico-científica estrangeira. Afinal, muitos países detêm o domínio tecnológico por terem praticado, entre outras medidas, uma política agressiva de incorporação de inteligência.

Afinal, o desafio de hoje é o de melhorar a qualidade da ciência e da tecnologia e o de fazer com que cada vez mais amplos setores populacionais beneficiem-se dos avanços obtidos.

O que é inegável e vale a pena ressaltar é que houve, neste século XX, período histórico em que se opera a revolução científico-tecnológica, um grande avanço da humanidade. Alguns valores socialistas foram afirmados por forças políticas e com ações concretas. O desafio de agora é o do exercício do poder na generalização desses valores; o de resolver a equação da garantia da liberdade individual, da igualdade política, da justiça social a partir da assunção de governos, de funções de governo.

Capítulo 4

Reformas Necessárias

O que caracteriza o continente sul-americano e, particularmente, o Brasil, é que sempre fomos retardatários no desenvolvimento industrial e no movimento das idéias. Hoje, a revolução científico-tecnológica abre a possibilidade para países antes totalmente periféricos de integrarem-se na contemporaneidade. Questões semelhantes, como a redefinição do Estado, estão colocadas na agenda política de todos os países do mundo.

São muitas as reformas que se fazem obrigatórias e é necessário assumi-las tanto em seus aspectos gerais e abrangentes, como nos mais específicos e detalhados. Pode parecer que o desafio é maior do que a possibilidade de enfrentá-lo, mas é imprescindível que as forças sociopolíticas somem-se para dar rumo desejado às mudanças.

As reformas no aparelho de Estado, a reforma tributária, a previdenciária, a do sistema público de saúde, a reforma agrária são condição absolutamente necessária para que se garanta o progresso da sociedade brasileira com a justiça social que se almeja.

É difícil para a esquerda assimilar a necessidade de rever suas posições, alterar por completo sua agenda tática de maneira a implementar com eficácia seus objetivos mais gerais. Os comunistas brasileiros, assim como os de outros lugares, viviam sendo perseguidos, reprimidos, torturados, assassinados, mas tinham esperança. O dramático é que, hoje, não estamos sendo torturados ou perseguidos, mas estamos com dificuldade de ter esperança, pois não conseguimos incorporar plenamente a necessidade de construir um novo projeto, adequado aos novos tempos, com todas as suas implicações.

Mesmo no meio do PPS esse processo é complicado, embora estimulante: pensar o novo é animador; apesar da decepção com a mudança que se operou no partido por conta do socialismo real, o partido, as pessoas que o integram, são incentivadores. No PCB havia muita divergência de fundo quanto ao caráter dessas mudanças e a posição perante elas. Hoje, há uma certa emulação, com pessoas que estão em busca do significado das mudanças e não estão presas a nada mais que a sua utopia e a seus valores. O PPS participa desse movimento.

No Brasil, há hoje uma elite econômica e social, um primeiro mundo perfeitamente integrado com o que há de mais avançado, na fronteira de toda a conquista tecnológica da humanidade. Em muitos países encontra-se esse grupo: o topo das elites. Existe, porém, em todos os países, a periferia dos excluídos. Na Europa é essa, também, a realidade. E cito a Europa não por vieses eurocentristas, mas porque lá se avançou muito na construção e consolidação de um Estado do bem-estar social e a sociedade é mais justa e mais igualitária. O Estado na Europa, porém, não está mais conseguindo manter essa situação, está chegando ao esgotamento e será superado. A questão é como será superado.

Não vejo, no mundo, um aumento da miséria, em sentido absoluto. No Brasil, apesar de tudo, temos, hoje, qualidade de vida superior à que tínhamos antes. E qualidade de vida entendida em termos dos indicadores sociais para um maior número de pessoas. O problema é que a distância entre o topo e a base da sociedade é muito grande e o número de excluídos é enorme. Mas os excluídos não são, necessariamente, mais miseráveis do que antes. O número de analfabetos é menor, o atendimento de recursos urbanos é maior (água, esgoto, luz, coleta de lixo, correio, telefone).

É possível, por exemplo, que, na zona da mata em Pernambuco, quando o trabalhador tinha seu sítio, se alimentasse melhor. É preciso, porém, não idealizar essa situação e, tampouco, ter a ilusão da possibilidade de oposição a tendências de transformação do campo, que operam em escala mundial. Embora ainda haja países com maiores contingentes dedicados às atividades rurais, a tendência opera na direção da transformação da natureza do trabalho agrícola e do esvaziamento do campo. Desde o momento em que o trabalhador entra no mundo mercantil — quer indo para a cidade, como é freqüente, quer permanecendo no campo, quando é possível — a realidade é outra, na qual a competição, a produtividade e o dinheiro não podem ser ignorados. E isso, aliás, não é nenhuma novidade.

Corremos, sim, o risco de termos setores integrados em franca oposição e luta contra setores marginalizados, o risco de a divisão entre incluídos e excluídos passar a ser central na nossa vida política. E isso não será novidade histórica: temos o célebre exemplo dos operários brancos, na África do Sul, que eram os principais defensores do *apartheid* e, na Europa, já se vê muito operário votando na direita nacionalista extremada, contra os imigrantes.

No Brasil, é revolucionário criar um Estado similar, em termos de conquistas e direitos sociais, aos Estados do bem-estar social, ou de seguridade social, desenvolvidos nos países centrais do capitalismo. E com todas as implicações que isso possa ter num mundo moderno onde os Estados devem integrar-se uns aos outros e não fecharem-se, nacionalmente, sobre si mesmos. Um Estado que, antes de tudo, busque a inclusão social, o atendimento das necessidades básicas de educação, de saúde e de previdência, com uma economia cujo dinamismo se reflita em emprego, em renda.

Dizer que o Brasil não poderia ter governos e sociedade mais justos sem que houvesse um crescimento muito maior é uma falácia. Crescimento econômico, isoladamente, não significa redução de desigualdades, pois pode-se distribuir pobreza. O que leva à redução de desigualdades é crescimento econômico associado a justas políticas de distribuição de renda. Poderíamos atender nacionalmente às necessidades de educação e de saúde com o potencial e o conhecimento de que dispomos. Mas não: concentram-se, também, os benefícios que a sociedade brasileira poderia dar a todos.

O que é grave é manter tudo como está, mesmo quando se discutem mudanças. Na resistência à mudança, está incluída parte de setores que se dizem de esquerda. A postura de setores da esquerda "contra" mudanças propostas é séria e arriscada, pois é absorvida no jogo dos interesses daqueles que querem manter o *statu quo*, representando o corporativismo e os interesses daqueles que estão "incluídos" e não têm a capacidade de pensar uma outra sociedade que inclua os que estão de fora.

O desafio brasileiro é o de acompanhar um processo de globalização com modernização, com competitividade, que implica desemprego estrutural — problema partilhado, por exemplo, com a Europa — enquanto, ao mesmo tempo, tem que resolver o histórico problema da exclusão social, daqueles que nunca foram empregados.

A solução da crise brasileira exige a realização de reformas democráticas profundas. Não são os problemas pontuais que pesam. É fundamental que se tenha perspectiva ampla: não é com o serviço público que está aí que vamos construir uma sociedade de incluídos; não é com o Estado brasileiro tal como ele se encontra que vamos produzir o Estado que elimine a exclusão. Isso significa, concretamente, que reformas têm que ser feitas. E a esquerda como um todo não está com propostas de reformas. Pelo contrário, em muitos aspectos ela está contra as reformas, sustentando o que aí está. Por exemplo, a defesa do corporativismo instalado no serviço público é apresentada como sendo de esquerda.

A reforma do Estado, a questão tributária e orçamentária, a ordem econômica e financeira devem balizar e orientar o debate para a garantia dos direitos sociais que protegem os trabalhadores, os deficientes, as mulheres, as crianças, os aposentados, os cidadãos.

Para enfrentar esse desafio, a primeira coisa a ser feita é a *reforma do Estado*. Esta é uma necessidade premente para que o Estado possa conduzir a abertura da economia, garantindo capacidade de regular o mercado e evitando que o mercado seja o único regulador. A reforma do Estado é absolutamente necessária para que se possam opor forças ao fetiche do mercado como solução para todas as questões e se possa formular uma clara política de bem-estar social.

Evidentemente, uma reforma do Estado comporta diversas dimensões. Na ordem do dia estão hoje a administrativa e a patrimonial. No que se refere à primeira, a diretriz fundamental é o aparelhamento do Estado para o provimento universal dos serviços essenciais à população ao menor custo possível. Os recursos são escassos e o atendimento de todos exige sua utilização ótima. A discussão sobre a proposta governamental deve-se pautar por esse eixo: quais as medidas que contribuem para levar o serviço público, a educação, a saúde, a seguridade, de forma equânime, aos que hoje estão excluídos ou precariamente atendidos.

A reforma patrimonial deve também ser julgada à luz das mudanças referidas. Quais os setores estratégicos hoje? Qual o papel do Estado na produção de bens e serviços? Parece claro que os setores que exigiam a presença do Estado no passado alteraram seu caráter. Não teríamos a indústria siderúrgica hoje sem as estatais do setor, mas a produção de aço não necessita mais da presença da empresa pública, indispensável em outras áreas. Estratégico hoje é a produção de conhecimento e é nela que o papel do Estado será decisivo nas próximas décadas.

Essa a perspectiva que deve presidir a avaliação do processo de privatização. Como discutir a questão da privatização, garantindo que as empresas possam ser públicas, ou atender ao interesse público, sem que façam parte, necessariamente, de monopólios estatais?

Concretamente, a esquerda não pode se furtar a discutir as reformas e, dentre elas, o processo de privatização. Neste caso, com sua omissão, permitirá que tenhamos um processo de privatização selvagem. Nos países em que a esquerda, mesmo em dificuldades, participou de alguma forma, os processos de privatização foram bem mais democráticos.

O neoliberalismo entende reforma do Estado como redução do Estado, simplesmente. A idéia é que a retirada do Estado é seguida de um desenvolvimento simétrico da iniciativa privada e que o mercado, mais sábio que o planejamento consciente, regularia as relações econômicas e mesmo sociais de maneira "ótima" para todos.

Toda essa visão neoliberal reflete-se, hoje, numa política do Estado mínimo. Só que não podemos contrapor a essa idéia uma concepção de Estado máximo, pois essa já se esgotou na era do socialismo real, da bipolaridade que, então, existia no mundo. A esquerda tentou a organização social da estatização com transição socialista, ou seja, com cada vez maior presença do Estado. Como ficou claro que este não é o caminho, também não é o do Estado mínimo. O debate sobre as reformas é o momento adequado para sepultar de vez as concepções de Estado máximo e mínimo. Podemos dizer que o caminho, então, é o do Estado forte? E o que é o Estado forte no Brasil?

Na Europa pode-se até pensar em discutir um Estado mínimo, pois lá já existe um Estado presente e forte. No Brasil, a presença do Estado é fundamental na busca do bem-estar social, na luta contra as desigualdades regionais, na geração de emprego e de renda, na oferta de serviços essenciais à saúde, na promoção da infra-estrutura econômica, em suma, na indução do desenvolvimento, de uma maneira já resolvida pelos países do centro do capitalismo. Os problemas lá são colocados em outra ordem de grandeza.

O neoliberalismo é, por isso, uma agressão à realidade brasileira. Na Europa, pregar desigualdade numa sociedade já com um mínimo de igualdade é diferente. No Brasil, pregar desigualdade, concentrar renda para aumentar a produção, não tributar os ricos para gerar poupança e aumentar investimentos, toda essa concepção neoliberal é inadequada.

O Estado forte é aquele que tem a capacidade de regular o mercado, de garantir a seguridade social e de induzir o desenvolvimento. Não é o Estado total, empreendedor, que concebíamos à época do socialismo real, com intervenção direta na economia. A concepção que tínhamos do socialismo era a de que a estatização da economia era a transição socialista, a própria organização econômica das sociedades socialistas. O Estado não era visto como indutor ou como regulador, mas como, essencialmente, empreendedor.

Precisamos, no Brasil, de um Estado ágil, desenhado para as tarefas que o momento exige. As reformas administrativa e patrimonial, propostas e implementadas pelo governo, devem ser avaliadas pela esquerda sob essa luz: em que medida incrementam a capacidade de o Estado promover o crescimento econômico, o desenvolvimento científico e tecnológico, a inserção proveitosa nas relações internacionais e, principalmente, o provimento eficiente e universal dos serviços públicos necessários ao pleno exercício da cidadania.

Essas tarefas são gigantescas. Impossível executá-las apenas com a racionalização do uso dos recursos existentes. É fundamental que se defenda, para tanto, uma profunda *reforma tributária*, capaz de financiar em novas bases a ação do Estado, mas sem aumentar a carga sobre assalariados e setores produtivos de interesse estratégico para o tipo de desenvolvimento que pretendemos.

Sou totalmente contrário, portanto, à idéia de que haveria algum benefício na redução da carga tributária global que alimenta o Estado hoje. Ao invés do que preconizam os neoliberais, o montante não-arrecadado não se converteria necessariamente em investimento produtivo. Mais provável, em muitos casos, é que passe a engrossar os fluxos de capitais "andorinhas", que percorrem os diferentes mercados financeiros nacionais à procura das taxas de juros mais vantajosas.

A social-democracia, para produzir um Estado de bem-estar social, forçou uma intervenção keynesiana na economia, com um fortíssimo instrumento fiscal de distribuição de renda. Por meio da arrecadação de quem tinha condições de pagar, com taxação de grandes fortunas e forte progressividade de taxação sobre a renda, incidindo sobre o patrimônio, combinada com uma política de gastos públicos que atendesse às necessidades básicas da cidadania, incluindo seguridade social, educação e saúde, produziu-se uma sociedade mais igualitária e justa.

Isso é algo que tem que ser feito no Brasil. Não podemos pensar em reproduzir, ponto por ponto, a experiência européia de construção de um Estado do bem-estar social, mesmo porque esse Estado revela hoje seus limites. Não há dúvida de que o governo tem condições técnicas de arrecadar mais, mas do ponto de vista político tem enorme dificuldade, pois falta base de sustentação que permita fazê-lo. De qualquer modo, alguma coisa será feita nessa direção. E o que é lamentável e grave é que a maior parte da esquerda não está participando desse processo, não está entendendo o que é proposto e, pior ainda, com alguns setores se contrapondo, servindo de massa de manobra de interesses diversos.

A questão da reforma tributária é emblemática no sentido de que se possa saber se a tendência política brasileira vai caminhar para uma alternativa social-democrata ou se vamos ter uma hegemonia liberal, pois está servindo de divisor de águas. Vai-se resolver nos próximos meses, ou não se resolverá nunca, porque o governo pode sucumbir à pressão de sua base conservadora, ou neoliberal, e contentar-se com um arremedo de reforma, com puras medidas de contenção de gastos públicos, de diminuição de déficit.

Mudanças são necessárias também na forma do dispêndio público. Na perspectiva aqui defendida assumem particular importância os gastos com a *seguridade social,* no sentido amplo da expressão. Numa estratégia que privilegia o combate à exclusão, as ações estatais nas áreas da saúde, previdência e assistência social são, sem dúvida, fundamentais.

A última Constituinte conseguiu um grande avanço quando consagrou a centralidade do tema da seguridade social. O fato de saúde, previdência e assistência aparecerem na Carta como seções do capítulo da seguridade não é mero arranjo formal. Essa disposição afirma um novo conteúdo. A seguridade é um direito de todos, não um serviço devido apenas aos que contribuem por ele. Como tal, deve ser custeada por toda a sociedade.

Ainda não se conseguiu pôr em prática esses dispositivos constitucionais, mas é possível notar avanços. Por exemplo, o SUS está caminhando na direção correta, apesar de todos os problemas que enfrenta, inclusive da má gerência e da fraude. A concepção que o inspira é a do Estado compromissado com o bem-estar social de qualquer cidadão. A investigação da previdência, de todos os seus problemas de custeio equivocado, de máquina incapaz, de corrupção que a impunidade permite, significa um passo adiante. E a Constituição brasileira, quanto a este ponto, é bastante avançada.

Na questão da seguridade é preciso implementar o que já está decidido por norma constitucional, nos capítulos sobre os idosos e as crianças, e legal. São capítulos relevantes do ponto de vista constitucional e sua implementação pode constituir um passo importante para pôr fim à situação de exclusão de parte significativa da população.

Quanto à parte especificamente previdenciária, a mudança radical do sistema em vigor é urgente. A sistemática presente penaliza de forma evidente os contribuintes mais pobres, que trabalham e contribuem por um número maior de anos para obter aposentadorias limitadas. Na verdade, pagam as aposentadorias daqueles, beneficiados pelas normas, que podem aposentar-se precocemente, com benefícios equivalentes a seus salários integrais ou até mais elevados.

É necessário fazer valer nessa questão o princípio da eqüidade, instituindo um conjunto de regras válidas para todos os contribuintes. É preciso dar fim a todas as aposentadorias especiais (professores universitários, juízes, parlamentares, jornalistas, etc.), excetuando apenas as atividades comprovadamente insalubres e perigosas e os professores do ensino fundamental.

No conjunto das reformas necessárias, destaca-se a *reforma agrária*. Pensam alguns que a questão agrária é coisa do passado, sem sentido num mundo globalizado. Pelo contrário, a questão é cada vez mais urgente.

Não é simples acaso o fato de todos os países considerados pelo senso comum desenvolvidos, incluindo o Japão e os sempre lembrados tigres asiáticos, haverem passado por reformas agrárias ou políticas de reestruturação fundiária profunda.

A distribuição das terras, o estímulo à produção familiar, nos limites de área definidos como ótimos pela moderna tecnologia, têm poderoso efeito redutor sobre a miséria e a exclusão, como mostra a experiência internacional e inúmeros estudos feitos no País. Com a disponibilidade nacional de terra agricultável, trata-se de inserir na atividade produtiva a totalidade da população rural situada abaixo da linha de pobreza. Os efeitos macroeconômicos, em termos de ativação do mercado interno, são óbvios.

Haverá, sem dúvida, efeitos importantes de cunho social e político. A repartição mais eqüitativa de um bem fundamental e limitado como é a terra constituirá uma verdadeira revolução num país como o nosso, que apresenta uma estrutura fundiária das mais concentradas do mundo. A relação de dependência pessoal associada à concentração fundiária traduz-se, no plano político, na cessão de votos, no mandonismo eleitoral local. Esse fenômeno tenderá a desaparecer com a reforma.

Razões semelhantes colocam na ordem do dia a necessidade de uma *reforma do sistema financeiro*. É pouco convincente a defesa do livre mercado num setor claramente oligopolizado como o bancário. O Estado deve intervir e ditar regras que dificultem a concentração de poder, diretamente relacionado, no caso, ao tamanho das instituições envolvidas.

Normas de funcionamento podem ser acordadas no sentido de estimular a formação de bancos regionais e locais, a descentralização, enfim, da venda dos serviços bancários. Num sistema desse tipo, os bancos estaduais existentes podem redefinir suas funções e os limites de sua atuação.

Cabe lembrar que aqueles países que protagonizaram saltos qualitativos no seu desenvolvimento e, conseqüentemente, alteraram positivamente sua inserção internacional mantiveram os movimentos do sistema financeiro sob controle, dentro dos limites, muitas vezes rígidos, definidos por seus governos. No Brasil, tal controle exige uma reestruturação profunda do Banco Central, que o retire de sua atual condição de cartório ou balcão de interesses de grupos financeiros privados.

Finalmente, sem pretender esgotar a relação de reformas necessárias, discutirei as mudanças exigidas na área da *educação*. No que se refere ao ensino de 1º e 2º graus, a tarefa cabe, constitucionalmente, a Estados e Municípios. No entanto, a Carta exige também, até certo limite, sua extensão a todo cidadão. Penso que a União deveria assumir um papel mais efetivo no controle desse mandamento constitucional, aferindo, periodicamente, a quantidade de vagas oferecidas e sua qualidade.

Não se trata apenas de eliminar o analfabetismo e oferecer ao cidadão mais pobre, usuário da escola pública, um verniz educacional. O Estado deve a seus alunos, em nome da eqüidade, um serviço de qualidade ao menos igual ao consumido pelos filhos das classes média e alta nas escolas particulares.

Do contrário, continuaremos a reproduzir castas educacionais, nas quais o aluno da rede pública pouco ou nenhum acesso tem à universidade pública. Deve-se pensar em mecanismo inserido na Constituição que normatize a vigilância, por parte da União, do cumprimento de suas exigências relativas à educação.

Hoje, aplaudimos uma alternativa que o governo está implantando e que me parece interessante: o Fundo de Desenvolvimento do Ensino Básico e de Valorização do Professor. Incrivelmente, durante a Assembléia Nacional Constituinte, houve proposta que era, quase, a de criação deste Fundo. E nós, da esquerda, votamos contra.

No que se refere à universidade, já ficou clara sua importância nos dias de hoje. No mundo em que a produção de conhecimento assume a centralidade, as instituições que se encarregam do ensino e da pesquisa ganham caráter estratégico.

É necessário investir no desenvolvimento da pesquisa, nas diversas áreas. Também é necessário, contudo, maximizar o resultado desse investimento. Autonomia deve ser garantida no manejo dos recursos repassados pelo Estado e na captação em fontes outras, empresas, fundações, nacionais e internacionais. A diversificação de fontes é diretriz importante para o incremento dos resultados. Devem-se, contudo, aperfeiçoar e ampliar os mecanismos de avaliação e controle do desempenho das universidades públicas e direcionar os recursos conforme esse desempenho.

A questão do Estado não se restringe às reformas necessárias. É preciso atentar, com cuidado, para a manutenção da neutralidade do Estado diante dos diferentes cidadãos. Tendemos a subestimar a importância desse problema.

Temos que mudar os conceitos para apreender adequadamente a dinâmica da realidade. Inúmeros exemplos são possíveis, para ilustrar esta verdade. Tomemos a questão do ensino religioso. Na Constituinte, fui um dos poucos a falar contra o ensino religioso na escola pública, lutando para que ela continue laica. Manifestava que a adoção do ensino religioso, mesmo não sendo obrigatório para o aluno, acarreta o risco de fortalecer a religião que já é hegemônica.

O exemplo de São Paulo é típico: a CNBB pressionou o estado de São Paulo a criar e manter 6.000 cargos de professores para a catequese religiosa. Que catequese será essa? Podemos arcar com o custo de ter igual número de professores umbandistas ou de outras várias religiões e seitas existentes?

A separação entre Igreja e Estado foi das grandes conquistas da humanidade. No momento em que o Estado admite na escola pública o ensino religioso, está criando as condições do impedimento da liberdade religiosa. Religião é matéria de vida privada, de família e da igreja. Não é assunto do Estado.

Se as reformas necessárias desenham-se com clareza, o mesmo não se pode dizer do instrumento necessário para realizá-las: a aglutinação, parlamentar e extraparlamentar, das forças e correntes políticas com elas comprometidas. Parte da responsabilidade cabe à omissão de parcela importante da esquerda, ainda incapaz de posicionar-se de acordo com as exigências do momento, presa a concepções e propostas do passado. Essa omissão contribui para reforçar o viés liberal das reformas propostas pelo governo e para a não-implementação de outras, de interesse objetivo das camadas mais pobres da população.

Nos últimos anos, muita coisa mudou no Brasil, como o forte movimento a favor do caráter público do Estado e da ética na política. Tais acontecimentos não são fruto isolado da eleição do Fernando Henrique para a presidência, ou de um crescimento da esquerda, que Lula pode ter representado; são manifestações de uma sociedade que amadurece.

E este é um fenômeno recente da sociedade brasileira, que pode ser acelerado por um governo com base política e social que lhe dê respaldo.

A situação dramática que o presidente está enfrentando, e terá que continuar a fazê-lo, é que essas mudanças não são aceitas por grande parte de sua base de sustentação política, que sempre foi beneficiária da situação tal como está. Não é por acaso que, por conta das reformas do aparelho de Estado ora propostas, comece a haver fraturas nas bases de sustentação do governo. A fratura vem de sua vertente mais conservadora, oligárquica, de direita, dos liberais de fachada, que sempre se apropriaram do Estado.

Esse movimento que vivenciamos pela esquerda obriga a uma definição de rumos diversa da que a esquerda adotou em outros momentos. Não se trata, agora, de apoio ou de integração ao governo, mas de posicionar-se perante a sociedade em relação às reformas necessárias, de formular o que poderia ser um novo Estado para o País.

O problema é que houve um choque entre duas agendas: a agenda da democratização e a das exigências da economia internacional. E houve um choque com a esquerda, que, por sua crise de identidade, não tem respostas para essa nova realidade. Só que somos obrigados a atuar nessa nova realidade e a esquerda o faz, mas com suas velhas concepções, que foram adequadas a outros momentos e que foram superadas.

O problema da esquerda — ao menos de sua parcela saudosista do mundo que já acabou — no Brasil é, com sua crise de identidade, a incapacidade de compreender a realidade atual e de responder a seus desafios. E há necessidade de responder, de apresentar opções, pois o neoliberalismo não está conseguindo respostas.

A Europa, juntamente com os Estados Unidos e o Japão, continua sendo referência cultural e econômica do mundo. Lá, há acúmulo de conhecimentos e nós estamos atrasados em relação às opções que começam a ser discutidas, criando possibilidades de solução. E a esquerda européia está se preparando para isso, não tenho dúvidas. No nosso caso, porém, a esquerda está despreparada, além da dificuldade adicional de ter sido, sempre, muito pouco pluralista. Nossa esquerda não conviveu com a democracia, o que, efetivamente, não é culpa dela, pois não existia democracia no País. E a maior parte do pensamento de esquerda criado no País teve como fundamento a cultura do comunismo. A cultura política desenvolvida na atuação do Partido Comunista está presente, de forma diferenciada, na militância do PT e mesmo em parte dos quadros do PSDB.

É possível, porém, reconhecer que estamos vivendo, no Brasil, um processo acelerado de mudança da esquerda. A sociedade tem dado respostas muito concretas em relação às suas posturas. Toda a discussão que se desenvolveu sobre a ordem econômica passou ao largo da esquerda. Ela foi incapaz de mobilizar em torno de suas teses, de se contrapor substancialmente à reforma proposta pelo governo, e não por incapacidade de mobilização, já que em outros episódios demonstrou saber aglutinar opiniões. Nem apelando para o espírito nacionalista, patriota, de uma campanha de massa em torno do lema de "o petróleo é nosso" conseguiu adesões. Tudo soou como algo nostálgico, não mais adaptado aos dias atuais. É como se a sociedade estivesse adiante da esquerda.

Outra novidade é a mobilização da juventude. Ela foi às ruas, espontaneamente, refletindo o sentimento geral da sociedade por mais ética na política. Portanto, não foi dirigida pela esquerda, nem por sua instituição representativa maior, a UNE, fora do que possa significar palavra de ordem. Embora possam ser movimentações que, equivocadas ou não, teriam afinidades com a esquerda — rebeldia, questionamento, busca de outro futuro — não são mobilizadas pela esquerda.

A esquerda, repito que estou me referindo à esquerda tradicional, no Brasil, não está conseguindo entender, aceitar e mobilizar a juventude. Enquanto isso, os jovens fazem o baile funk, que é um lugar de expressão cultural e de mobilização e constituem as galeras agitadas do futebol, que às vezes derivam para a violência. Este espaço de mobilização pode ser apropriado pelo narcotráfico e pelo crime organizado, até porque ficamos olhando, perplexos, sem ter o que dizer aos jovens e sem lemas para conduzi-los.

Nota-se um evidente hiato entre as ditas vanguardas estudantis, encasteladas nas suas entidades representativas, e as bases, hiato que só se fecha em momentos de grande comoção nacional, como o impedimento de Collor, quando base e direções se encontram nas ruas.

Voltemos, um pouco, atrás. No governo JK a esquerda estava presente na sociedade brasileira e representava o que havia de mais dinâmico, de avanço, de moderno, de esperança. O Cinema Novo, a Bossa Nova, o Brasil desenvolvido e as reformas de base tinham pleno apoio da UNE. Na efervescência cultural da sociedade brasileira, a juventude estava presente. Hoje isso não ocorre com aquela intensidade.

Evidentemente que o novo, o desconhecido, provoca medo e insegurança. A quebra da rotina provoca desconforto, sempre, e é compreensível que se produzam resistências às mudanças. No entanto, a sobrevivência tanto das sociedades como dos indivíduos depende de sua capacidade de transformar-se. No plano individual é preciso vencer o medo, aceitar o novo, mudar, para evitar doenças e garantir a vida. No plano coletivo as coisas se passam de modo análogo e um movimento político, por exemplo, irá padecer caso não tenha capacidade de vencer o medo e superar a rotina.

Embora a juventude atual esteja expressando o que quer, não tem canal político. Esse é o problema que a esquerda, também, não está resolvendo. Não se pode mais admitir que apenas os trabalhadores sejam portadores da democracia, que o desejável seja o partido único ou que se elejam países como faróis do mundo. Evidentemente, essas concepções não serão canal para juventude nenhuma no mundo de hoje e nem para a juventude brasileira.

Inegavelmente, paradigmas estão sendo quebrados enquanto outros já se anunciam, só que com participação insuficiente da esquerda. O neoliberalismo está se definindo, enquanto a esquerda permanece, na sua maioria, perplexa. Essa é a questão. Os neoliberais estão fazendo as reformas, pois, objetivamente, elas têm que ser feitas, as instituições têm que ser outras. Por ironia da história, quem está comandando as mudanças na ordem econômica são os liberais, ou forças da direita. Obviamente que o fazem garantindo seus interesses e acompanhando o processo de forma mais fácil, pois que são o poder dominante e estão tendo capacidade de adaptação. Ou seja, mudar incessantemente para manter sua dominação, o sistema vigente, como Marx já assinalava no Manifesto Comunista.

A esquerda, que poderia ser a alternativa, por sua crise de identidade, pela não-adequação à nova realidade, não está dando respostas. Ao contrário, está presa ao que vai ser, necessariamente, superado, sob pena de não nos tornarmos contemporâneos do futuro e continuarmos com uma sociedade de excluídos.

Debater as propostas de mudanças que emanarão do governo não significa apoiá-las nem curvar-se ao amplo poder de pressão do

Executivo. Implica aceitar, isto sim, a pluralidade de interesses da sociedade e, a partir dela, formular sugestões e saídas progressistas, de forma a garantir o desenvolvimento em benefício da maioria.

Não há, por exemplo, quem não afirme a defesa do Estado do bem-estar social, nem a direita. Mesmo os neoliberais, quando pregam a desigualdade, argumentam que a desigualdade é uma alavanca para o crescimento e, portanto, uma possibilidade de maior inclusão social. Eles acham, por exemplo, que reduzir a tributação dos ricos leva a novos investimentos e, como só os ricos podem poupar, é melhor permitir que poupem mais, diminuindo a tributação e aliviando encargos do Estado.

No Brasil, tivemos algo um pouco semelhante ao que foi o Estado keynesiano. Em função de uma guerra interimperialista, o Estado brasileiro conseguiu quebrar uma certa lógica do imperialismo e montar as bases de uma estrutura industrial. Volta Redonda representou, não só para nós, mas para o mundo, uma quebra dessa lógica dos países centrais do capitalismo, de não permitir que países da periferia se industrializassem.

E Volta Redonda foi o início do efetivo processo de industrialização, pois que gerava insumos básicos para um complexo parque industrial. Esses insumos básicos não eram acessíveis a nenhum dos países periféricos e o primeiro a romper com essa lógica imperialista foi o Brasil, que se beneficiou da dubiedade de nosso governo e da necessidade que tinham os aliados de terem o Brasil como parceiro. A dubiedade do governo em apoiar o eixo ou os aliados gerou a possibilidade de uma grande negociação internacional e a instalação da indústria siderúrgica nacional.

Este é um fato importante, pois, a partir daí, o Estado brasileiro esteve presente na economia como empreendedor na área energética, com a Petrobrás e a Eletrobrás, na construção das obras de infra-estrutura e, ao mesmo tempo, como indutor do desenvolvimento com políticas de proteção, de substituição de importações e de subsídios para o processo de industrialização, via BNDE. O Estado brasileiro realizou todas essas coisas, mas esse modelo esgotou-se num quadro de crise internacional sem que, aqui, se tivessem criado alternativas.

Alternativas, agora, são aquelas viáveis num momento internacional de economia globalizada. Precisamos, então, de um novo Estado com uma nova postura. Não de um Estado máximo, não de um Estado mínimo.

No Brasil, o Estado foi forte durante um certo período, do ponto de vista da economia, e sempre foi tremendamente forte como instrumento de interesse de setores privados. E nessa atuação contou, também, com apoio da esquerda. A esquerda foi vanguarda no processo de industrialização brasileira no período Vargas e no JK. Mesmo com contradições, tivemos uma esquerda que lutava pelo desenvolvimento do País, por mudanças.

O processo de mudanças, hoje, não tem participação das forças majoritárias da esquerda, pois ela está sustentando um Estado que existiu e não é mais necessário. Não necessitamos de um Estado máximo que mantenha exclusividade na indução da economia, nos investimentos de infra-estrutura, embora necessitemos de um Estado que, também, invista em infraestrutura, pois há desigualdades internas que exigem a presença do Estado com esse papel. Não carecemos mais de um Estado regulador, da forma como regulou anteriormente, com fechamento da economia, das reservas de mercado, das substituições de importações. O modelo, agora, é outro, é o da abertura, e o Estado tem que se adaptar a isso. Além do mais, terá que buscar ser o Estado da seguridade social, coisa que nunca foi.

A esquerda tem a proposta do desenvolvimento, da distribuição da renda, mas não diz quem vai fazer isso e nem como. Que aparelho estatal vai ter capacidade de implementar essas metas? Se tomamos o Estado no sentido de sociedade organizada, a nossa tem muitos excluídos e poucos incluídos. E o que é mais dramático é que os poucos incluídos não querem mudança alguma, ou melhor, apenas as mudanças que interessam à direita, isto é, as que permitem continuar acumulando, crescendo. Nada, ou quase nada, da vertente do bem-estar social, da distribuição de renda, pois essa seria atribuição da esquerda, que, no momento, não está ajudando.

Um dos exemplos do papel da esquerda, noutros tempos, pode ser tomado com o Nordeste, em 1953. Foi realizado um congresso para discutir políticas regionais, que foi chamado de Congresso da Fome, do qual os principais agentes, dentre outros, foram os comunistas. Esse primeiro congresso deu origem a vários encontros, seminários sobre questões regionais, até que aflorou a idéia do planejamento regional, da SUDENE e toda uma visão da superação da desigualdade regional e da busca da integração nacional.

Qual era a concepção da esquerda de então? Era o desenvolvimento do Nordeste, um desenvolvimento capitalista; não era nenhuma idéia revolucionária para mudar a organização social. Era revolucionária no sentido de mudar as estruturas dentro do próprio capitalismo, de orientar seu desenvolvimento. Essa era a posição hegemônica na esquerda, apesar de existirem setores divergentes. Para pensar o Brasil socialista era necessário ter classe operária; desse modo, era fundamental o desenvolvimento capitalista. Estas são considerações muito claras para o marxista conseqüente. E a esquerda compreendia a necessidade de alavancar o processo de desenvolvimento brasileiro.

A SUDENE teve um início de fundamental importância. Depois foi envolvida nos processos de manutenção das estruturas e passou a colaborar para a acumulação e melhor futuro das oligarquias. Mais recentemente, nem isso: com a pulverização, nem mais contribuiu para acumular, passando a distribuir migalhas. Urge, assim, reestruturar a SUDENE de modo que responda aos desafios que a integração nacional coloca no mundo de hoje.

O período de 50 foi a própria efervescência da esquerda brasileira, que acaba sendo perseguida por conta, mesmo, de seus êxitos. A reação de 1964 foi comandada pelas forças internas e internacionais da direita, contra uma esquerda efetivamente participativa na sociedade brasileira. O início dos anos 60 era um momento de intensa mobilização da sociedade, com propostas de mudanças de base, projeto próprio e a direita contra. E tão contra foi que terminou vitoriosa com o golpe, apoiado, também, externamente.

Um movimento de ascensão das lutas caracterizou esse período, e não apenas no Brasil, pois havia a revolução cubana e toda uma mobilização mundial por mudanças.

Hoje, em todo o mundo, mudanças estão ocorrendo e sendo apropriadas, única e exclusivamente, por interpretações de direita e tendências do neoliberalismo, que passam a ser as forças pró-reformas. Enquanto isso a maioria da esquerda no Brasil, e em outros lugares da América Latina, mantém-se numa postura conservadora, sem nem tentar ter capacidade de força de mudança.

No Brasil, temos uma esquerda que fica irritada quando se fala em social-democracia, pois imagina-a como inimiga. Embalada, infelizmente, por um forte travo de stalinismo, não faz distinções entre social-democratas e conservadores e elege o presidente Fernando Henrique

Cardoso como homem de direita. Nenhum presidente eleito, salvo Collor por motivos óbvios, foi objeto de tão pesadas críticas.

Para nós, discordar do Governo FHC — e dele discordamos em muitos aspectos — não implica negar suas credenciais de esquerda. O lugar do PSDB é ao lado do bloco que defendemos e não junto à direita nacional.

Inegavelmente a esquerda está se mantendo coerente, apesar de uma coerência equivocada. Temos que ter cuidado com coerência, pois não significa não mudar. A coerência é de valores, de princípios, e não da ação política. A coerência de uma ação política se nega pelo próprio dinamismo da realidade e em nome da manutenção dos valores e dos princípios. A coerência não pode ser da interpretação de uma realidade que muda, da cristalização de conceitos, da ação política concreta. Isso é equívoco.

O projeto social-democrata para o Brasil pode aglutinar a esquerda brasileira e os setores democráticos da sociedade, religiosos ou não, e com isso ultrapassar os limites que a base de sustentação majoritária do governo tenta impor à sociedade.

Há um setor da esquerda, porém, que tenta participar dos debates e contribuir para o processo de mudanças afirmando objetivos e valores de esquerda. Neste setor eu colocaria o PPS, como organização, e diversas lideranças de vários outros partidos. São forças que estão tentando atualizar a esquerda, procurando estimular sua capacidade de renovação e de intervenção no Brasil contemporâneo.

É claro que, enquanto essa grande maioria da esquerda não entender que tem que participar do processo de mudança buscando afirmar seus valores, teremos hegemonia neoliberal, ou liberal. Temos que ter capacidade de construir um campo de centro-esquerda articulado, constituindo um bloco capaz de tornar possível um projeto que se contraponha ao neoliberalismo. E isso não pode ser feito com essa maioria da esquerda de hoje, que está contra as reformas. Necessitamos de uma esquerda renovada, dentro dela a social democracia, que seja capaz de apresentar proposta de bem-estar social, o que seria revolucionário, no Brasil.

Como categoria, a social-democracia é de esquerda. Só que, no Brasil, fez aliança com os liberais. E por quê? Também porque as esquerdas recusam aliança com os social-democratas e muitos não querem nem dialogar.

Eu não posso pensar na esquerda dialogando com a direita para fazer um projeto para o Brasil. Imagino e luto por uma aliança da esquerda com o centro democrático. E o Brasil só vai conseguir caminhar, tanto na direção do Estado de bem-estar, como na de uma integração internacional, garantindo soberania caso se forme este grande bloco histórico democrático, e de esquerda.

Nós, ainda, não conseguimos produzir essa aliança. E não falo, apenas, de agora. Ainda no governo Itamar Franco, quando eu era líder do governo e Fernando Henrique, ministro da Fazenda, pensamos que dali pudesse sair o núcleo desse bloco democrático, que incluía Luíza Erundina, do PT, e o Walter Barelli, que exerceu grande liderança no movimento do *impeachment.* Havia quadros da melhor qualidade do PMDB, do PSDB, do PT e os socialistas democráticos. Só que o PT se afastou e o bloco não surgiu.

O PPS tem um documento pregando a aliança PT/PSDB como eixo fundamental na reforma brasileira. A proposta englobava amplos setores do PMDB — setores democráticos e, até, de esquerda, e toda a esquerda brasileira. Esse seria o grande bloco que não surgiu porque, entre outros fatores, o PT não compareceu, não quis ir adiante, pois imaginou uma vitória fácil com o seu candidato a presidente e não partiu para a aliança. Perdemos, mas não fomos os únicos, pois dentro do PT havia amplos setores que lutavam pela aliança.

Participei de inúmeros debates com setores do PT, liderados por Eduardo Jorge e Plínio de Arruda Sampaio, em São Paulo. Escrevi um artigo com o Plínio de Arruda Sampaio propondo a aliança PT/PSDB como eixo básico para a construção do bloco democrático e mostrando sua necessidade para a implementação de reformas que visem à superação da exclusão social, à criação do Estado voltado para o bem-estar e o desenvolvimento, competitivo e integrado ao mundo contemporâneo.

São esses os objetivos que deveriam estar sendo propostos pela esquerda. Evidentemente alguns setores da esquerda ficariam fora, até mesmo porque ainda pensam que Sendero Luminoso é coisa avançada, que é possível fazer revolução, ainda, à moda que deu certo, apenas, em Cuba. Muitos pensam que esse tipo de ação política vai dar resultado. Não é que tenham se esgotado as possibilidades de revolução, pois elas ainda ocorrerão, só que não se sabe, exatamente, como. A revolução violenta, a guerrilha são caminhos superados. A via da transformação, agora, é a via democrática.

Sem dúvida, há setores da esquerda que

não acreditam nisso e, certamente, não farão parte do bloco. Se há uma direita que não é democrática, há uma esquerda que também não o é. Ambas estarão excluídas do nosso bloco histórico, do nosso pacto democrático.

Dentro das forças democráticas, quero criar o bloco da esquerda democrática. O projeto do PPS é o de criar um campo político que una setores democráticos da sociedade e da esquerda brasileiras. Para tanto, qual é a nossa política perante o governo Fernando Henrique?

Somos de oposição, e essa condição foi dada pelos resultados das urnas. Mas somos também independentes e não vacilamos em discutir as propostas do governo e votá-las quando as consideramos as melhores para o País. Quero manter diálogo com o governo, porque lutamos para que a social-democracia tenha possibilidade de aliar-se com a esquerda.

Grandes setores da esquerda não querem diálogo. E, sem diálogo, é bem difícil que tenhamos reformas caminhando na direção de uma sociedade melhor. O fechamento e a rigidez da esquerda estão, já, gerando crise dentro de partidos.

A crise da esquerda foi evidente nas últimas eleições presidenciais, quando a derrota sofrida não foi desprezível. Ocorreu no primeiro turno e com uma larga margem. E não foi só por conta do Real ou de Fernando Henrique Cardoso. Foi muito mais, provavel mente, pela falta de um projeto para o País.

Nós, da Frente Brasil Popular, em nenhum momento discutimos um projeto para o País. Aceitávamos as preconcepções, as idéias estabelecidas, e qualquer proposta nova que se tentasse discutir gerava contradições e discussões intermináveis. Perdeu-se muito tempo em discussão de assuntos periféricos, embora importantes, e deixou-se de enfrentar as questões centrais colocadas pela sociedade brasileira.

As eleições municipais brasileiras sinalizam novos caminhos políticos. Belo Horizonte é um exemplo típico: a vitória de Célio de Castro, em uma coligação que contou com as presenças do PSB, PPS e PMDB, demonstra com clareza a viabilidade do novo bloco que propugnamos para o País.

Resta à esquerda, que tem presença significativa na política nacional, repensar a sua atuação recente à luz desses resultados. Não se muda o Brasil sem alianças sólidas e estáveis no campo democrático.

Capítulo 5

A Nova Esquerda

A nova realidade planetária, com seus próprios paradigmas e inusitados desafios, é o campo — e disso não podemos fugir — onde a esquerda terá que atuar e afirmar os seus valores, buscando construir sua utopia de um mundo melhor.

Essa é a grande questão formulada à esquerda: ter claros seus valores humanitários sem perder o pé da realidade. É preciso aprender sempre, pois o processo de construção de um Estado de bem-estar social é contraditório e exige competência, criatividade e coragem. Não existe uma cartilha prática nem são conhecidos argumentos teóricos fidedignos a serem seguidos cegamente. A queda do socialismo real foi uma derrota muito grande da esquerda que não atingiu, apenas, os comunistas, mas todo o pensamento de esquerda.

Nesse processo de transformações, onde os conflitos são diferentes porque o mundo mudou, tanto no que diz respeito ao conteúdo das lutas políticas como à natureza dos Estados nacionais, a esquerda, nas suas vertentes majoritárias, ainda não teve capacidade de tentar uma alternativa ao neoliberalismo. As tentativas vêm sendo feitas com as velhas concepções, enquanto faz-se necessário entender que o processo de globalização é irreversível, que as empresas e iniciativas transnacionais são elementos constitutivos da realidade a obrigarem redefinições dos Estados nacionais. Surpreendente e infelizmente, quem vem dando encaminhamento a essas questões nos dias de hoje tem sido, apenas, a direita ou os neoliberais.

Qual o desafio de agora? Entender essas teses e firmar os valores que, na esquerda, são permanentes; mas não com velhas concepções. Os valores da igualdade e da justiça, que lhe são característicos, são os que a distinguem da direita. Só que a direita não está disputando a liderança das transformações. Está, pelo contrário, tentando impedir esses processos afirmando os Estados nacionais tais quais e a estatização, por exemplo. E isso dentro de uma nova realidade que exige concepções adequadas da coisa pública, do público, uma esfera que vem se tornando algo de mais importante que o campo do Estado ou do privado.

Como garantir a característica pública que é obrigatória a toda atividade econômica? Como imaginar novos tipos de empresa que transcendam a dicotomia estatal/privado? Sem dúvida, há várias opções. Os próprios liberais, na aplicação de sua política, conseguiram mostrar que, se é possível extinguir uma empresa, também é possível um novo tipo de gestão em uma empresa privada.

Um socialismo? É possível: em algumas privatizações, quando se pulverizou o capital, quando se criou um maior número de acionistas, surgiu um outro tipo de empresa. E o processo não precisa ficar restrito, apenas, a empresas estatais. Pode ser, também, característico das grandes empresas privadas. Que tipo de controle público é possível ser exercido sobre elas? Tanto o controle estatal para regular o mercado como a reestruturação que se possa ter de grandes conglomerados de empresas, em variadas formas, democratizando o capital, criando associações, cooperativas estatais e tantas outras. São inúmeras as possibilidades de novos mecanismos e são muitos os estudiosos da questão. Apenas não se chegou ainda, e talvez não seja possível, a uma proposta única e definitiva.

A nova realidade está tendo respostas, apenas, dos neoliberais. São eles que estão participando do processo com uma nova mentalidade. A esquerda tradicional tenta se antepor e deter o processo, querendo firmar posições que não mais se ajustam à realidade.

As respostas da esquerda não podem ser dadas como se nada tivesse mudado. Talvez isso possa ser bem exemplificado pelo Partido Comunista Francês, que demonstrou enorme dificuldade em entender o significado do Maio Francês. A revolta dos estudantes, certamente, teve todo um aspecto provocativo e deu sinais nítidos de ser um movimento sem muita clareza de rumos; no entanto, foi um sinal de que as instituições em vigor já não respondiam às necessidades da sociedade e o PCF não foi capaz de entender e de assimilar esse fato. Estamos vivendo, agora, como um grande partido comunista francês... não entendendo que o mundo está diferente e mantendo uma esquerda com as mesmas concepções.

A partir da década de 70, a revolução científica e tecnológica desenvolveu-se com toda a força e tornou possível mostrar que a esquerda tradicional, mesmo não sendo uma esquerda do futuro, rebelava-se contra a inércia e propunha transformações. A partir dos anos 80 a esquerda foi-se cristalizando em suas posições e tornando-se incapaz, já nos anos 90, de entender a realidade em transformação.

A direita, com o neoliberalismo, participa diretamente do processo de construção da nova realidade. Tem-se julgado, até, a grande vitoriosa, imaginando que a esquerda tivesse chegado ao fim, com a derrota do socialismo real.

E como a esquerda vai afirmar seus valores? Alguns setores já estão discutindo o pós-neoliberalismo... falando do socialismo democrático, socialismo novo, esquerda democrática e neo-socialismo... de qualquer modo, a esquerda não vai deixar de existir, pois incorpora, como já incorporou antes, a busca da igualdade, da justiça e a preocupação humanista; e não se furta ao debate dos novos temas em pauta, como gênero, violência e ecologia. Esses são os verdadeiros valores da esquerda, que nunca preocuparam a direita tradicional. Agora, começa a surgir uma direita com essas preocupações.

A distância entre esquerda e direita parece ter diminuído, pelo menos entre esquerda e direita democráticas. Tínhamos uma esquerda que lutava pela afirmação de direitos fundamentais como o direito dos operários a sua organização, que é um direito democrático. A direita nunca teve essa preocupação e só admitia esses valores pela imposição política da esquerda.

A direita tem, historicamente, os valores da desigualdade, da concorrência, do individualismo. Com a consolidação da democracia, podemos ter uma direita que admita, também, os valores tradicionais da esquerda, uma direita que defenda tais valores por temer a barbárie. É o caso, por exemplo, de uma direita européia que lutou pelo Estado do bem-estar social — essa não era uma preocupação da direita histórica. A direita democrática cristã, na Alemanha arrasada pela guerra, reconstruiu o país; não foram os social-democratas. Com a ameaça da barbárie, a direita passou por uma reciclagem e não ficou no fascismo.

Como a esquerda ainda não definiu a melhor estratégia política para afirmar seus valores, o grupo que está refletindo sobre a situação contemporânea e tentando compreendê-la para nela afirmar, com perspectiva, os valores da esquerda está sendo marginalizado e visto como aliado da direita. Apesar desses equívocos e dificuldades, a esquerda continuará sendo um movimento de idéias, de ação, de valores da igualdade e da fraternidade, em suma, de todos os valores que humanizam os indivíduos.

Os que se aliavam à esquerda eram os que lutavam contra as injustiças sociais. Mesmo quando não se falava em esquerda, existiam os subversivos, os excluídos, os politicamente perseguidos pelo poder dominante. A esquerda sempre foi contra a injustiça e, normalmente, a injustiça é praticada por quem tem poder.

Os movimentos de esquerda sempre existiram e ajudaram a criar, depois da Revolução Francesa, o termo esquerda, que designava aqueles que estavam junto com os oprimidos. As necessidades básicas dos que estão deserdados, excluídos, dos que não estão se afirmando como pessoa humana, são as preocupações da esquerda.

Garantir hoje, nesse processo de mudanças, as instituições e a organização social que tenham capacidade de incluir, de humanizar, de impedir a barbárie, é o papel da esquerda. Esse papel não está sendo cumprido, apenas, porque boa parte da esquerda permanece prisioneira do passado, ainda não entendeu a natureza das mudanças.

O fato de a esquerda começar a perceber o mercado como algo necessário não é um fato novo, pois, mesmo no socialismo real, na década de 60, alguns economistas queriam discutir a questão no âmbito de uma economia planejada, centralizada, estatizada. Na própria URSS havia alguns economistas teóricos que queriam discutir o problema e, num determinado momento, pareceu que as novas idéias dariam frutos no período de Krushev, um período áureo para a URSS. Tal não ocorreu, alguns desses teóricos foram expulsos do país e a discussão do mercado foi encerrada.

A existência do mercado não é algo ausente do pensamento da esquerda, mas, no momento atual, uma reflexão profunda sobre o mercado torna-se imperativa. A esquerda tem que elaborar uma análise mais sofisticada e complexa, superar o fetiche do mercado livre e produzir uma concepção inovadora de mercado, com instâncias de regulação. Uma dessas, a estatal, juntamente com a sociedade civil, converte-se na dimensão pública que, esta sim, vai regular não só o mercado, mas, também, o Estado.

Um fato novo que emerge e pode se consolidar com a revolução científica e tecnológica é, exatamente, essa esfera pública. O exemplo a ser dado é a Internet, um dos resultados do avanço científico e tecnológico, não vinculado a nenhum governo; o benefício é do cidadão. Essa é uma esfera pública livre, este é o espaço público.

Tudo isso pode significar avanço, afirmação do socialismo, dos valores da esquerda com perspectiva de futuro. Será a nova utopia? Nova não é, pois é a utopia comunista. Até agora não foi possível realizá-la, mas permanece com a força de sempre, numa nova realidade.

O PPS, desde o PCB, enfoca o mundo do trabalho com um novo conceito, pretendendo substituir a histórica concepção da classe operária: o mundo do trabalho como algo mais amplo, não apenas dos operários que trabalham na indústria, dos proletários, mas também englobando todos os que exercem atividade econômica nos mais diversos setores, como o tecnológico, o científico, o artístico e o cultural. O socialismo aproxima-se ainda mais do humanismo; o trabalho é entendido como atividade vital e a cultura, como fruto do trabalho.

Não acredito mais na validade contemporânea da experiência histórica dos chamados partidos comunistas. Somos legatários do Terceiro Estado, os radicais da Revolução Francesa. Somos legatários de toda essa evolução da esquerda na história. Só que não podemos repetir a história e estamos no momento exato em que repeti-la é condenarmo-nos ao fracasso. Mais do que em qualquer outro momento.

O fracasso a que me refiro é a esquerda demorar a ser, novamente, um contendor, uma alternativa. Nós perdemos e, isso, ninguém tem como esconder. Nossa derrota, neste final de século, levou alguns ao pessimismo, inclusive Hobsbawm — embora não tanto como querem alguns — e deixou a idéia de que o século acabou mal e que, em se olhando para a frente, vê-se, apenas, escuridão.

Tudo isso é fruto, realmente, da grande derrota que a esquerda sofreu e que a paralisou. A inércia impediu, até o momento, sua participação como força de vanguarda e portadora de futuro. Pelo contrário, a esquerda está sendo uma força nostálgica voltada a recuperar um passado que é, sem dúvida, importante e deve ser conhecido, mas que não tem significado para impor rumos ao presente, para dar corpo a uma utopia que ilumine o futuro. Noutros tempos o Estado do bem-estar social era meta, o movimento operário mais forte, partidos de esquerda não estavam tão ausentes e havia participação social-democrática.

Para ilustrar e tornar um pouco mais concretos meus argumentos, lembro a ex-primeira-ministra Margaret Thatcher, que usou mecanismos social-democráticos de participação para ganhar apoio popular, transformando muitos cidadãos britânicos em acionistas de empresas que foram privatizadas. Isso é, inegavelmente, um processo de democratização. Já se mostrou que, nas chamadas sociedades anônimas, quando o número de gerentes cresceu acima do número de acionistas, houve maior democratização do capital. Sem acionistas controladores, e não sendo estatais, algumas sociedades anônimas passaram a ser públicas no sentido mais amplo do termo.

Será esse um caminho? Nem socialização, nem estatização, mas democratização do capital. Esse é um outro tipo de sociedade, onde todos podem ser acionistas e o controle pode ser exercido democraticamente, por meio de gerentes especializados. Em alguns setores, isso pode acontecer. É um novo tipo de socialização que foge da estatização, mas que, ao mesmo tempo, não cai na privatização de grupos e, sim, num processo democrático de participação de todos. Isso é, também, uma possibilidade de mudança para as empresas privadas, dando-lhes um caráter mais público.

O papel do Estado nesse cenário é de controlar a formação de cartéis, de monopólios, de definir prioridades. O Estado ausente em uma sociedade regulada pelo mercado livre acarreta concentração industrial e de renda. Se não houver mecanismos de Estado que regulem o mercado, este, por si só, vai-se concentrar.

No momento em que o Estado privatiza, pode tornar mais público o caráter da empresa e não permitir que se formem monopólios privados, que vão contra a idéia de democratização, de socialização, de público. Caso contrário, fortalece a idéia de privado. Esta idéia de público tem a ver com a utopia comunista de Estado gestor.

A perspectiva de saber que, atuando, é possível buscar a afirmação dos valores de esquerda é importante; mas, como não sabemos o meio de atuar, caímos em algo que não é próprio da esquerda: a violência. Mesmo quando produzia ações violentas em sua participação, a esquerda mesclava-a com muita generosidade. Hoje a esquerda conservadora está, apenas, raivosa e, algumas vezes, odienta. São odiados os que não pensam da mesma forma, os que não se alinham na mesma trilha. Basta ver a crise por que passam o patrulhamento e as divisões dentro dos partidos.

Tudo isso sempre houve, mas a ênfase era outra. Brigava-se por um projeto. Agora, contesta-se o que o outro está dizendo ou fazendo e não uma outra política. Por exemplo, os bolcheviques e os mencheviques brigavam sobre como atuar na guerra, como preparar a revolução. Hoje, briga-se porque o outro é um traidor, um vendido e não porque se quer encontrar uma forma de fazer a revolução, de encontrar um novo caminho.

Quando se perde a perspectiva, fica difícil lutar por uma nova idéia, um novo caminho, ou alternativas de novos caminhos. Volta-se, então, para disputas internas e para acusações.

A alternativa à barbárie está nos valores da esquerda. A Europa, hoje, enfrenta uma ideologia racista que, se não tiver a contraposição de uma visão fraterna, internacionalista de solidariedade e de cooperação, estará contribuindo para a barbárie.

Qual será a participação daqueles que partilham os valores que a esquerda produziu ao longo da história e precisam ser garantidos? A esquerda tradicional não está se revelando capaz de adequar-se à nova realidade, preservando os valores consagrados e básicos. Qual será a nova esquerda, apta a incorporar o que a realidade apresenta? Certamente não será a esquerda da classe operária ou da estatização, mas, sim, a esquerda dos movimentos sociais, das minorias, da ecologia: a esquerda do público, a esquerda dos excluídos.

Poucos partidos políticos de esquerda no Brasil estão tendo capacidade de, junto com a juventude, buscar um caminho. Em geral, esses partidos estão a apontar rumos que a juventude não vê.

O que estamos fazendo nós? Exatamente,

tentando buscar o papel da esquerda nessa nova realidade, sua concepção, sua capacidade efetiva de intervir e colaborar para a construção de uma sociedade mais igualitária e mais justa.

Essa é a busca atual da esquerda. Uma busca que não pode ser orientada por velhas concepções e nem embotada por preconceitos, mas motivada pela capacidade de entender o que aí está e de afirmar seus valores.

É preciso ter condições e competência para falar com a juventude da Internet, que convive com a biotecnologia, com a manipulação do DNA, com a AIDS e com as drogas. Essa é a realidade. É preciso levar em conta o mundo em que a ecologia se faz presente e a libertação da mulher, necessária. Essas são questões e situações do presente e do futuro, enquanto a maioria das concepções da esquerda são do passado.

O PPS vem mostrando capacidade de captar a realidade atual e de ensaiar visão prospectiva e há setores, em outros partidos de esquerda, que partilham tais pensamentos. O problema é que essas visões não são hegemônicas dentro da esquerda. Como, em política, lugares de liderança não permanecem vacantes, a direita começou a dar respostas.

Vamos, por exemplo, pensar no Maio

Francês. Ali, o sistema capitalista deu sinais de crise, ou, pelo menos, de que surgia uma nova realidade, já anunciando os paradigmas da revolução científica e tecnológica. É interessante notar que Roger Garaudy, talvez pela primeira vez, aborda a questão quando fala da classe média, dos profissionais autônomos, do surgimento de novos parâmetros na sociedade. E a sociedade absorveu o significado da rebelião de maio de 1968; teve a capacidade de adequar-se e de responder às novas necessidades. E quem produziu as respostas foi a direita, especialmente na França com De Gaulle e uns poucos partidos de esquerda em outros países. Os países socialistas, porém, não tiveram essa capacidade.

Hoje, se pudéssemos fazer um paralelo entre direita e esquerda, seria para dizer o seguinte: a direita está tentando entender o que, efetivamente, se passa, tentando compreender o curso dos amplos processos contemporâneos de mudança, oriundos dos avanços científicos e tecnológicos, e buscando intervir em seu andamento, colocando seus valores e tentando dar rumos compatíveis com seus interesses, com sua ideologia, com suas concepções de mundo. A esquerda não está mostrando capacidade de participar desse inevitável processo de mudanças. Está, sim, tentando detê-lo. Com sua posição conservadora, a esquerda não contribui para o avanço e o bem-estar da humanidade e, ainda mais, atiça ações extremadas da direita. Isso é possível e claramente perceptível na Europa com seus movimentos de nacionalismos particularistas.

A sociedade, lá, desenvolveu-se a tal ponto que não irá, certamente, permitir retrocessos. O Brasil, porém, não avançou, ainda. O desafio deles é impedir o retrocesso; o nosso é chegar ao desenvolvimento. O desafio da esquerda brasileira, então, é diferente do da de lá, mas os valores básicos e a necessidade de compreensão adequada do mundo contemporâneo são os mesmos. É possível, ainda, que se queimem etapas, caso as ações da esquerda sejam competentes e adequadas, na construção, internamente, de um Estado similar ao do bem-estar social, que esteja inserido numa economia aberta, globalizada.

É imprescindível, porém, que os jovens participem responsavelmente desse processo. É possível que a juventude esteja sem canais políticos de expressão. Uma das formulações mais graves feitas por meu partido, e que acho interessante não se perder de vista, é que a crise geral, tão alardeada, que está a exigir mudanças nas instituições, exige que se transformem, também, os partidos políticos, já que são integrantes desse tecido institucional.

A grande força dos partidos políticos de esquerda veio do movimento operário. O primeiro partido que surge com uma concepção moderna é o Partido Socialista Democrático Alemão. Essa estrutura partidária é própria da revolução industrial. Se estamos mudando e a revolução agora é outra (a científica e tecnológica), a forma partido, também, entra em crise.

Não posso imaginar a juventude tendo, nessa nova realidade, canal de expressão política apenas nos partidos políticos. Ainda mais que muitos dos partidos de esquerda continuam imaginando-se partidos da revolução industrial. O Partido dos Trabalhadores é portador de uma visão uniclassista, que só não é mais explícita porque não se trata de um partido de classe operária. É evidente que a concepção de trabalhadores pode ser tomada de modo mais amplo, envolvendo diversos setores... mas será essa a forma dos partidos do futuro?

A social-democracia é um movimento de esquerdas que tem alguma vertente na direita. Talvez a crise da esquerda reflita-se, também, na social-democracia contribuindo para que se perca o rumo de suas referências. A social-democracia teve seu auge no momento em que havia, no campo da esquerda, o comunismo, a experiência do socialismo real, e isso não pode ser esquecido. A social-democracia era uma alternativa democrática de esquerda ao socialismo real e as sociedades mais desenvolvidas tiveram na social-democracia um instrumento importante.

No século XX a social-democracia foi mais vitoriosa que os comunistas ou o socialismo real. Gorbachev reconheceu este fato quando visitou a Escandinávia, no auge da crise na URSS, e disse que os social-democratas da região tinham contribuído muito mais para o bem-estar e a libertação da classe trabalhadora do que a URSS. Foi a mais contundente e cruel crítica que se poderia fazer, principalmente aos comunistas que tinham a social-democracia, por suas raízes stalinistas, na conta dos principais inimigos, junto com os social-fascistas. Isso tem que ser reconhecido para que possamos ver claro e encontrar nossos rumos, inclusive, e principalmente, no Brasil.

Num quadro como esse, impõe-se a pergunta: há ainda sentido na dicotomia esquerda/direita? Quais as conseqüências de a esquerda, na acepção tradicional do termo, permanecer no campo de luta definido pela sociedade anterior à revolução científico-tecnológica, cada vez menos real? O que pode vir a ser uma esquerda de novo tipo?

Como já foi dito, a esquerda definia-se a partir da utopia gerada na sociedade fundada no trabalho. A tarefa era a conquista do reino da igualdade, eliminando todas as mediações entre indivíduo e coletivo, mediações carregadas de alienação, exploração e dominação. Precisávamos destruir o Estado existente, instrumento da classe dominante, substituir o mercado pelo planejamento racional da produção e do consumo, atingir a abundância e descansar, assistindo ao Estado (nosso) esvanecer-se.

Essa visão ruiu. Como tentamos mostrar, não guarda mais correspondência com o mundo real e sua persistência em setores diversos das forças de esquerda contribui, principalmente, para a hegemonia atual do neoliberalismo em suas diversas formas.

No entanto, a orientação da ação política por uma concepção arcaica de esquerda num mundo novo tem implicações outras que pretendo discutir. Sustento, em síntese, que a implementação de algumas propostas, de conteúdo progressista na velha ordem, redundaria hoje em efeitos opostos aos verbalizados por alguns de seus defensores. Teria, em boa medida, conseqüências prejudiciais para a massa cada vez maior de excluídos, resultado inseparável, até o momento, das repercussões da revolução técnico-científica.

Parece claro que a produção de bens materiais e simbólicos em tempos e custos cada vez menores gera riqueza e, concomitantemente, pelo automatismo do mercado, concentração de riqueza.

A população de excluídos aumenta, segundo todos os indicadores, não apenas nos países considerados periféricos, mas inclusive naqueles decididamente beneficiados pela ordem internacional vigente. Aumenta o número de pobres, desempregados, desabrigados, clientes de instituições de caridade de todo tipo na Europa e nos Estados Unidos. Conforme previsão de estudiosos do tema, em poucas décadas quase a metade da população de alguns países da Europa atravessará a vida sem passar por um único emprego. A situação da Espanha, com taxas de desemprego da ordem dos 20% há alguns anos, aproxima-se rapidamente desse cenário.

Que fazer? Os porta-vozes do pensamento neoliberal asseguram que tudo não passa de um desequilíbrio passageiro e que, após algumas "turbulências", o mercado se estabilizará e o desemprego cairá para níveis socialmente aceitáveis. Quais as propostas tradicionais da esquerda, ainda sustentadas por alguns?

Vem a público, de forma recorrente, um modelo, nem sempre inteiramente explícito, que acolhe diversas linhas de ação informadas por diretrizes levantadas pela esquerda nos últimos cinqüenta anos.

Propõe-se a autarcização da economia. As novas tecnologias geram desemprego e concentração de renda, nada mais lógico que o Estado assuma o controle férreo de suas fronteiras e regule o ingresso de capitais e tecnologias conforme seus interesses.

A proposta fazia sentido e podia realmente redundar em crescimento econômico numa época de tecnologia relativamente estanque, na qual o desenvolvimento protegido pelo Estado foi efetivamente possível e respondeu pela mudança radical do país nas últimas décadas.

Hoje, no entanto, essa postura é insustentável, como o demonstra o exemplo dos países do Leste europeu, derrotados economicamente antes da queda política. A implementação de uma diretriz dessa ordem levaria, no médio prazo, à perda de competitividade e ao empobrecimento do país, com as conseqüências previsíveis para a capacidade de incluir os excluídos.

O Estado não pode fugir da nova realidade. Deve, sim, recusar a passividade e assumir uma postura ativa, de inserção consciente e calculada conforme nossos interesses. A abertura, a exposição à concorrência pode ser imediata em determinadas áreas e gradual em outras, ou simplesmente inexistir em certos casos.

É instrutivo a respeito o exemplo japonês. Ali desenvolveu-se um sistema dual, com um setor industrial aberto, altamente competitivo, e setores agrícolas e de serviços fechados, incapazes de sobreviver se expostos à concorrência internacional. Com isso a economia japonesa conseguiu simultaneamente o crescimento expressivo e a manutenção de taxas muito baixas de desemprego.

Propõe-se a expansão, ou ao menos a manutenção, do aparelho de Estado na forma em que se encontra. Esse Estado foi construído para a indução do crescimento econômico, numa estratégia muito bem definida, tarefa que não pode mais cumprir. Precisa ser reformulado de maneira a tratar da questão premente de nossa época: policiar, de um lado, a circulação de capital e tecnologia, procurando obter vantagens duradouras nesses fluxos e, de outro, integrar a massa de excluídos, considerável em nosso país.

Precisa, em outros termos, assegurar a todo cidadão condições mínimas e equânimes de inserção na produção: saúde, educação, previdência, serviços públicos de maneira geral e, mesmo, a garantia de uma renda mínima que permita a sobrevivência nos casos extremos.

O interesse dos excluídos, embora nem sempre o dos incluídos, é assegurar o provimento universal desses serviços da maneira mais eficiente e menos dispendiosa possível. Isto implica não recusar os avanços tecnológicos recentes em nome da manutenção do emprego de funcionários públicos.

Numa época em que a informatização penetra velozmente o setor de serviços, é ilusório pretender que o tamanho e a estrutura do aparelho de Estado permaneçam inalterados. Isso poderia ser feito, apenas, a custo crescente e eficiência menor, beneficiando servidores e prejudicando o cidadão.

O Estado não vai resolver o problema do emprego transformando todos os desempregados em funcionários, mas se for eficiente e empregar da maneira mais racional possível os recursos escassos de que dispõe, pode colocar um número maior de pessoas na condição de assumirem um posto na produção e, em última análise, a condição de cidadão que lhes é negada.

Propõe-se a regulação cada vez maior das relações de trabalho. Vamos segurar os empregos por decreto, tornar a demissão uma infração legal, passível de punição. Num mundo em que capital e tecnologia fluem com facilidade inédita, qualquer passo nesse sentido teria como único resultado o desvio desses fluxos das nossas fronteiras.

O capital corre hoje para a Ásia e deixa seus países de origem com menos empregos. Um longo período será percorrido até que as condições de funcionamento do capital aproximem-se nos cinco continentes e as reivindicações dos trabalhadores encontrem uma linguagem comum. Até então, a tentativa de salvar por decreto os empregos de quem os tem terá como resultado diminuir as possibilidades de emprego para os demais. Aprofundar, ao invés de retardar, a exclusão.

Todas essas bandeiras, construídas na história da esquerda, tinham sentido e eficácia no mundo dominado pelo trabalho. A contradição principal, capital–trabalho, englobava a sociedade inteira. A perspectiva do desemprego, mesmo se visto como decorrência necessária ao capitalismo, era residual.

Hoje, vivemos uma situação em que o desemprego e a exclusão social tornam-se, aos poucos, a regra. Aqui, a proteção indiscriminada de empregos, setores, empresas e fronteiras nacionais acentua privilégios e contribui para a manutenção, quando não para a deterioração, do estado de coisas vigente. Por isso qualificamos as posições tradicionais da esquerda, antes progressistas, de conservadoras, nas condições de hoje. Contribuem, se implementadas, inegavelmente, para a perpetuação da desigualdade social e da pobreza.

Entretanto, se o neoliberalismo fetichiza o mercado e o conservadorismo de esquerda o Estado, qual a alternativa? O que pode ser uma esquerda de novo tipo? Em primeiro lugar, uma nova esquerda deve recuperar o valor central de sua tradição, a igualdade, atualizando-o para as condições presentes, colocando-o como norte de sua atuação política.

Daí a necessidade de absorver a temática da exclusão social como prioridade e definir posições claras em questões, como as mencionadas, que envolvam conflitos de interesse entre incluídos e excluídos, principalmente no que respeita ao papel do Estado.

Em segundo lugar, a experiência histórica recente ensinou à esquerda que a igualdade, embora fundamental, não é suficiente. A utopia emancipatória não prescinde da consideração da autonomia dos indivíduos. Não basta almejar a igualdade e minorar a desigualdade. A democracia é fundamental, inclusive para a definição dos parâmetros da igualdade acordada como desejável e justa.

Para a persecução desse binômio de valores, a estratégia tradicional da esquerda revelou-se fracassada. Não permanecemos com as antigas ilusões. Não aposentaremos Estado e mercado, pois precisamos deles para garantir abundância e as condições mínimas de sociabilidade numa sociedade regida por ideais de autonomia individual. Precisamos de ambos, mas cuidando para limitar, na medida desejável, as ameaças que essas duas esferas inegavelmente colocam à realização daqueles valores.

A limitação possível, a definição de limites para o dinheiro e o poder, depende do funcionamento eficaz de instituições diferentes, configurando o que foi chamado, por autores de tradições diversas, de sociedade civil. É necessário desenvolver uma esfera pública poderosa, capaz de formar consensos a respeito dos domínios em que dinheiro e poder podem circular de forma legítima. É preciso definir espaços, em especial aqueles vitais para a preservação da igualdade e da autonomia, imunes à ação da monetização e da burocratização.

Monetização desenfreada de todas as esferas da sociedade resulta em perda crescente de igualdade, ao ponto de inviabilizar a vida em sociedade, fato que o neoliberalismo se recusa a ver. Burocratização desmedida não pode deixar de ingressar, em graus diversos, em áreas regidas pela autonomia individual.

Precisamos, portanto, de uma esfera pública que diga e imponha: neste campo determinado a moeda e a lei não vigoram. Vigora, sim, a livre interação entre os indivíduos, informada pela atualização dos valores de igualdade e autonomia processados na sociedade civil.

Um projeto dessa ordem exige, naturalmente, instrumentos de ação política diferentes dos tradicionais. Na época em que, para nós, a conquista do Estado era tudo, nosso instrumento privilegiado era o partido político. Instrumento de guerra, tentávamos fazer dele o anti-Estado burguês. Considerações de eficácia prevaleciam sobre as de persuasão, interna e externa; adotamos um processo decisório que, mesmo nos seus melhores momentos, inibia o espaço para a divergência: o centralismo democrático.

Hoje, precisamos de instrumentos que estimulem a livre expressão de todas as divergências, no debate e na ação política. A estrutura partidária deve ser mais flexível e permitir, como tem feito, a convivência de pontos de vista e práticas divergentes. Temos que ter consciência de que o avanço na direção de uma esfera pública vigorosa se faz por meio dos consensos possíveis em cada momento e que, em determinados casos, a imposição de uma vontade majoritária sobre o comportamento ou o voto da minoria eventual não traz ganho algum.

No entanto, a necessidade de mudança não se pode deter na concepção de partido e de seu funcionamento. O próprio papel do partido, como instrumento privilegiado do embate político, precisa ser reavaliado. Cada vez mais, o papel de ator na cena política é compartilhado por movimentos e correntes de opinião, nada ou pouco organizados partidariamente, como mostra o movimento ecológico.

Dentre esses movimentos cabe destacar, por suas conseqüências profundas para a vida moderna, o feminista. A mobilização das mulheres na busca da igualdade de condições com os homens põe em xeque estruturas de dominação e discriminação profundamente fincadas na sociedade. Não temos noção completa das mudanças que virão, mas seu sentido geral é o da redução das desigualdades e, desse modo, é afim ao ideário da esquerda.

A política divide-se, cada vez mais, entre as arenas tradicionais (Estado e partidos) e as novas (movimentos sociais, correntes de opinião, espaços de debates), todas formadoras da esfera pública, produzindo posições que, quando consensuais, penetram facilmente a esfera do Estado e traduzem-se em lei.

Hoje, as novas possibilidades criadas pela tecnologia favorecem a disseminação de informações e a expressão da vontade popular. O conhecimento das alternativas pode circular com rapidez e o voto depositado e apurado com maior rapidez ainda. Temos condições inéditas para a ampliação de formas diretas de democracia e devemos aproveitá-las.

Por essa razão, discordo de toda tentativa de restringir a organização partidária, tal como vem sendo proposto. Nosso caminho deve ser o oposto: ampliar as possibilidades de escolha do cidadão, a liberdade de organização partidária, a possibilidade de candidatos sem partidos, as decisões passíveis de referendo e plebiscito e reforçar o poder local. É preciso diminuir, no possível, o monopólio que os partidos exercem na mediação entre cidadãos e Estado.

O encolhimento que a tecnologia produziu no mundo tem implicações importantes para o projeto de igualdade e autonomia da esquerda. Abre-se a possibilidade de um novo patamar de cooperação planetária da esquerda, no sentido mais amplo possível, em torno de seus valores fundamentais. Cria-se o espaço para a atuação de uma nova Internacional, de caráter humanista. O mundo íntegro já existente permite pensar a viabilidade de uma cidadania global, com o reconhecimento e respeito dos mesmos valores humanos em todos os países da Terra que, no limite, colocaria na ordem do dia o fim da categoria de estrangeiro.

A esquerda de novo tipo deve estar presente nessas novas arenas e participar do debate levando seus valores tradicionais, atualizando-os, traduzindo-os em respostas às necessidades colocadas pelo nosso mundo.

Bibliografia Consultada

FIGUEIREDO, VILMA. *Produção social da tecnologia*. São Paulo, E.P.U, 1989.

————. *Autoritarismo e Eros: uma viagem à União Soviética*. São Paulo, Perspectiva, 1992.

GORBACHEV, MIKHAIL. *Perestroika: novas idéias para meu país e o mundo*. São Paulo, Best Seller, 1987.

HOBSBAWM, ERIC. *Era dos extremos: o breve século XX – 1914-91*. São Paulo, Cia. das Letras, 1995.

LENIN, VLADIMIR ILITCH. "Estado y revolución." Em *Obras escojidas*. Moscou, 1977.

MARX E ENGELS. *Obras escolhidas*. Rio de Janeiro, Editorial Vitória, 1961-63.

SCHAFF, ADAM. *Sociedade informática*. São Paulo, Brasiliense, 1993.

Impressão e acabamento:

QUICK PRINTER
IMPRESSOS RÁPIDOS

Setor de Indústrias Gráficas Q. 2 nº 460 - Parte A - CEP 70610-400
Brasília-DF - Fones (061) 224-7778/224-7756 - Fax (061) 224-1895